La cuisine du Maroc

MARABOUT

La cuisine du Maroc

Sommaire

La cuisine marocaine a un passé fascinant. Si la cuisine berbère est une constante qui a servi de base à la création de nouvelles recettes, les traditions arabes, perses et andalouses y ont mêlé leurs influences. La façon dont ces diverses contributions se sont combinées pour créer la cuisine marocaine appartient à l'Histoire.

Après s'être dispersés dans toute l'Afrique du Nord sous la bannière de l'Islam, en 711, les Berbères et les Arabes ont envahi la péninsule Ibérique, c'est-à-dire l'Espagne et le Portugal actuels. Ils ont dominé la région pendant sept siècles. Ces envahisseurs étaient connus sous le nom de Maures, précédemment *Mauri*, peuple berbère du Maghreb, au nord-ouest de l'Afrique.

Les Arabes baptisèrent la péninsule Al Andalous et y introduisirent la culture du safran *(Crocus sativus)*, de différents citrus, des amandiers, du riz et de la canne à sucre, de même que l'usage des épices, qui pénétrèrent par la suite au Maroc. La culture, l'enseignement, la médecine, la cuisine, l'architecture et l'agriculture arabes s'épanouirent en Andalousie, reflet de la culture florissante de la cour des califes de Bagdad qui avaient eux-mêmes beaucoup appris des Perses. C'était l'époque des *Mille et une Nuits*, un temps où la poésie chantait la nourriture et où l'on écrivait des traités de gastronomie.

Du XIe au XIIIe siècle, les dynasties berbères des Almohades et des Almoravides ont régné sur l'Andalousie et le Maroc. La somptueuse cuisine des cours de Fès, Rabat, Meknès et Marrakech s'appropriait alors les nouveaux aliments, perfectionnait les recettes et les diffusait largement. Ce processus devait se perpétuer sous les dynasties berbères suivantes.

Il en résulta une gastronomie unique, qui tire le meilleur parti des ingrédients locaux. Le phénomène est flagrant dans les plats mettant à profit la saveur aigre-douce des fruits, une influence perse introduite par les Arabes et qui est une des plus belles réussites de la cuisine marocaine.

La contribution majeure des Berbères à la cuisine marocaine est le couscous, semoule fine et délicate qui constitue un aliment de base. Le couscous de blé est composé de semoule et de farine de blé dur, mais il existe aussi des variantes à base de maïs ou d'orge concassé.

Même si les coutumes berbères ont été conservées, comme les *moussem*, ces rassemblements festifs à vocation sociale, commerciale et religieuse qui se tiennent sous une tente dressée pour l'occasion, la culture dominante est fortement liée à l'Islam. Le sens de la famille est fort, tous les membres se rassemblant en règle générale pour le repas de midi. Une grande tradition d'hospitalité règne également dans cette région du monde, où l'on accueille toujours un visiteur en lui offrant de la nourriture et des rafraîchissements.

Tous les repas sont régis par un rituel. Les convives doivent tout d'abord se laver les mains. Dans les repas officiels, un domestique ou un jeune membre de la famille fait le tour des convives avec une cruche d'eau chaude parfumée à la rose, une cuvette et une serviette. Sur une table ronde, les aliments sont disposés sur un plat central, le tajine, ou dans des plats peu profonds où il est facile de se servir avec les doigts. Chaque convive prend les aliments situés devant lui et utilise le pouce et les deux premiers doigts de la main droite pour porter les morceaux à sa bouche. On se lave à nouveau les mains à la fin du repas avant de se rendre dans le salon pour déguster le thé à la menthe et les pâtisseries.

Manger dans la rue est une pratique très courante dans les villes marocaines. Les vendeurs de kebabs (brochettes) sont omniprésents et font griller sur des braises de l'agneau, du foie ou des keftas (agneau haché) dont ils garnissent des quartiers de pain. Les pois chiches chauds sont servis dans des cornets en papier avec du sel et du cumin. Le marchand de beignets forme des cercles de pâte qu'il fait cuire sous vos yeux dans son chaudron d'huile. En bord de mer, on grille le poisson sur le charbon de bois ou on le fait frire en beignets accompagnés de pommes de terre et d'aubergines frites.

Dans les grandes villes, les cafés proposent aux touristes des petits-déjeuners à l'occidentale (baguette ou autre pain, beurre, confiture) mais aussi des crêpes à la levure. Les déjeuners sont généralement consistants, avec des tajines, des salades, des kebabs et du couscous, sans oublier les pizzas et les sandwichs.

Cependant, la meilleure cuisine marocaine reste celle préparée à la maison. Les femmes sont les gardiennes des recettes traditionnelles, qui se transmettent de mère en fille. Car la cuisine au Maroc reste l'affaire des femmes, même si elles sont aujourd'hui plus nombreuses à travailler hors de leur foyer, surtout dans les grandes villes. Mais l'art et le plaisir de recevoir demeurent. La richesse des parfums et le savant mélange des saveurs continuent de marquer la cuisine marocaine. Cet univers ne demande qu'à être mieux connu. Pour les néophytes ou pour les voyageurs nostalgiques, ce livre offre un florilège de recettes typiquement marocaines. Aucune n'est vraiment difficile à réaliser. Il suffit de prendre le temps de trouver les bons ingrédients, d'apprendre à les choisir, à les goûter… et à les faire aimer.

Les hors-d'œuvre

Variés et abondants, les hors-d'œuvre marocains *(mukabalatt)* sont destinés à ouvrir l'appétit avant le plat principal. Certains, surtout les légumes et les salades, restent toutefois sur la table pour accompagner les plats suivants. Même dans les foyers les plus modestes, on sert au moins trois ou quatre hors-d'œuvre. Pour une réunion plus importante, on dispose jusqu'à vingt plats différents au centre d'une table basse ronde, une palette artistique de couleurs pour allécher les convives.

Les hors-d'œuvre marocains font la part belle aux légumes de saison : purées d'aubergines ou de tomates, soupe de fève *(bessara)* blanche et crémeuse, salades de carottes et betteraves cuites et parfumées au cumin, salades de courgettes cuites à la coriandre et à l'huile d'argan, gombos mijotés dans la sauce tomate, salade d'herbes sauvages cuites relevées d'ail et de piment, dés de potiron ou de patate douce mijotés dans la *chermoula* (mélange d'épices et d'herbes typiquement marocain). On trouve aussi des hors-d'œuvre à base de viande ou de poisson : petites brochettes d'agneau et de foie parfumées au cumin, salades chaudes de cervelle ou de foie, sardines farcies frites ou boulettes de sardine à la sauce tomate. Les briouats, feuilles de pâte fines et croustillantes, sont farcis d'agneau, de poisson, de crevettes... Ils servent aussi à la fabrication d'un grand classique de la cuisine du Maghreb, la pastilla à l'œuf et au pigeon.

Les légumes crus sont aussi très souvent présentés en hors-d'œuvre pour des compositions colorées, légères et rafraîchissantes. Carottes, tomates, betterave crue, radis, concombres, fèves, fenouil, poivrons, oignons rouges, etc. seront accommodés avec des épices et des herbes fraîches et servis avec de l'huile et du jus de citron. Le jus d'orange fraîchement pressé entre également dans la composition de certaines recettes.

Ce sont les associations d'ingrédients et leur mise en scène qui confèrent à ces hors-d'œuvre leur caractère purement marocain. Quelques gouttes d'eau de fleur d'oranger, une pincée de cannelle ou de paprika, des feuilles de persil, de coriandre ou de menthe, des dattes ou des raisins secs viendront adoucir la puissance du piment ou l'acidité du citron. Une salade de concombre pourra être agréablement parfumée par le *za'atar*, une herbe proche du thym-citron. Des carottes râpées seront servies en soupe froide avec du jus d'orange. Des dés de concombre et de poivron pourront être préparés en salade avec des olives noires et une sauce au citron, au sucre et à l'eau de fleur d'oranger.

Sans oublier les olives de toutes les teintes, nature ou marinées dans la harissa, la *chermoula* ou autres mélanges appétissants. Quant à l'huile d'olive, elle transfigure les légumes et les salades, et son arôme fruité rehausse et amplifie tous les goûts. Autre spécialité typiquement locale, l'huile d'argan parfume nombre de salades marocaines de sa délicate saveur de noix.

Enfin, ce buffet gourmand ne serait pas complet sans le pain avec lequel on « sauce » jus de cuisson et assaisonnement pour en déguster jusqu'à la dernière goutte...

Purée de fèves

Pour 6 personnes

APPELÉE *BESSARA*, CETTE PURÉE FAIT AUSSI UNE SOUPE DÉLICIEUSE. FAITES CUIRE LES FÈVES JUSQU'À CE QU'ELLES SOIENT TENDRES, RÉDUISEZ-LES EN PURÉE PUIS TRANSVASEZ-LES DANS LA CASSEROLE AVEC LES AUTRES INGRÉDIENTS. AJOUTEZ DE L'EAU POUR OBTENIR LA CONSISTANCE D'UNE SOUPE. RÉCHAUFFEZ-LA PUIS PARFUMEZ-LA DE CUMIN ET DE PAPRIKA. DÉCOREZ DE PERSIL FRAIS OU DE CORIANDRE AU MOMENT DE SERVIR.

175 g de fèves sèches (décortiquées de préférence)
2 gousses d'ail pilées
1/2 c. c. de cumin moulu
2 c. s. de jus de citron
sel
80 ml d'huile d'olive
1 grosse pincée de paprika
2 c. s. de persil plat ciselé
pain plat *(kisra)* pour accompagner

Mettez les fèves dans un saladier, couvrez-les de 500 ml d'eau froide et laissez-les tremper 12 heures (24 heures si les fèves ne sont pas décortiquées, en changeant l'eau une fois).

Égouttez les fèves. Si vous devez les décortiquer, fendez la peau avec un couteau aiguisé pour la retirer facilement. Mettez les fèves dans une casserole, couvrez d'eau et portez à ébullition. Couvrez et laissez mijoter 1 heure à feu doux, jusqu'à ce que les fèves soient tendres. L'eau ne doit pas bouillir. Retirez le couvercle et laissez cuire 15 minutes, jusqu'à évaporation complète du liquide.

Réduisez les fèves en purée puis transférez-les dans un saladier et ajoutez l'ail, le cumin et le jus de citron. Salez à votre goût. Incorporez l'huile petit à petit, en mélangeant sans cesse, pour obtenir une préparation homogène. Si l'appareil épaissit en refroidissant, délayez-le avec un peu d'eau tiède. Transférez cette purée dans un grand plat, saupoudrez de paprika et parsemez de persil. Accompagnez de pain plat.

En Afrique du Nord, les fèves constituent un aliment de base depuis des millénaires. Sèches, elles se conservent pendant des mois. Il faut alors les faire longuement tremper pour les débarrasser de la peau épaisse qui les recouvre. Pour gagner du temps, achetez des fèves décortiquées dans les boutiques spécialisées en produits du Moyen-Orient. À la saison des fèves fraîches, on les ajoute aux tajines, avec la peau ; quand elles sont un peu plus mûres, on les blanchit rapidement dans l'eau bouillante pour les peler avant de les accommoder. On peut les servir cuites et froides avec de l'huile d'argan, des olives et du fromage.

Olives marinées .... Pour 500 g

DANS LES ÉPICERIES FINES, ON TROUVE TOUTES SORTES D'OLIVES MARINÉES ET MÉLANGÉES AVEC D'AUTRES INGRÉDIENTS. ELLES SONT PLUS CHÈRES QUE LES OLIVES VERTES OU NOIRES VENDUES EN SAUMURE ALORS QU'IL EST SI SIMPLE DE LES PRÉPARER SOI-MÊME.

Olives au citron confit

1/2 citron confit

1/2 c. c. de piment rouge finement haché

1/2 c. c. de cumin moulu

2 c. s. de coriandre fraîche ciselée

2 c. s. de persil plat ciselé

2 gousses d'ail finement hachées

2 c. s. de jus de citron

125 ml d'huile d'olive

500 g d'olives vertes en saumure, entières ou concassées

Olives à la harissa

1 petit poivron grillé coupé en quatre

2 c. c. de harissa

2 gousses d'ail finement hachées

125 ml d'huile d'olive

500 g d'olives noires

Pour les olives au citron confit, commencez par couper le citron en deux pour en prélever la chair avant de détailler la peau en petits dés. Mettez-la dans un saladier avec le piment, le cumin, la coriandre, le persil, l'ail et le jus de citron. Ajoutez l'huile d'olive et mélangez bien. Rincez les olives vertes puis égouttez-les. Mettez-les dans la marinade, mélangez soigneusement puis transvasez le tout dans des bocaux propres.

Pour les olives à la harissa, commencez par préparer le poivron : aplatissez les quartiers avant de les faire griller au four, côté peau vers le haut. Quand le dessus commence à noircir, retournez les poivrons pour les faire cuire 3 minutes environ sur l'autre face. Sortez-les du four et mettez-les 15 minutes dans un sac alimentaire avant de les peler. Émincez l'un des quartiers en très petits dés (détaillez les autres en lanières et utilisez-les dans une salade). Mélangez les dés de poivron avec la harissa et l'ail dans un saladier. Ajoutez l'huile d'olive. Rincez les olives noires et égouttez-les. Mettez-les dans la marinade, mélangez bien et transvasez le tout dans des bocaux propres.

Fermez hermétiquement les bocaux et laissez-les 1 ou 2 jours au réfrigérateur avant consommation. Dégustez les olives au citron confit dans un délai de 5 jours et les olives à la harissa dans les 10 jours.

Les citrons confits

Choisissez des citrons mûrs de début de saison. Quand le citron est ferme, cela signifie qu'il a été cueilli de fraîche date. Les citrons vendus dans le commerce sont souvent couverts d'une très fine pellicule ; vous la retirerez en les brossant délicatement sous l'eau chaude.

Si les citrons sont trop fermes, faites-les tremper 3 jours dans l'eau en changeant cette dernière tous les jours. Munissez-vous de bocaux stérilisés à couvercle hermétique. Lavez les citrons puis coupez-les en quatre à partir de l'attache du pédoncule, en vous arrêtant un peu avant la base pour ne pas séparer les quartiers. Frottez l'intérieur de chaque citron avec un peu de gros sel, refermez les fruits et mettez-les dans les bocaux, en ajoutant 3 cuillerées à café de gros sel entre chaque couche de citrons. Tassez les citrons le plus possible. Ajoutez une feuille de laurier et quelques grains de poivre noir dans chaque bocal si vous le souhaitez.

Ajoutez le jus d'un citron dans chaque bocal et complétez avec de l'eau bouillante. Prélevez la peau d'une moitié de citron et posez-la au-dessus. Si une moisissure blanche se forme, qui est sans danger, elle se fixera sur cette peau que vous retirerez à l'ouverture du bocal. Fermez hermétiquement les bocaux et gardez-les 4 semaines dans un endroit obscur et frais ; la première semaine, agitez-les délicatement tous les jours pour dissoudre le sel. Le liquide trouble s'éclaircira au fur et à mesure. Les citrons confits se conservent 6 mois ou plus.

Pour réaliser une recette, sortez un citron confit du bocal. Séparez le citron en quartiers. Certains rincent les citrons et retirent la pulpe avant de les cuisiner, d'autres les utilisent entiers (au Maroc, il est rare qu'on les rince et qu'on ne conserve que l'écorce). Refermez soigneusement le bocal et gardez-le au réfrigérateur une fois qu'il a été ouvert.

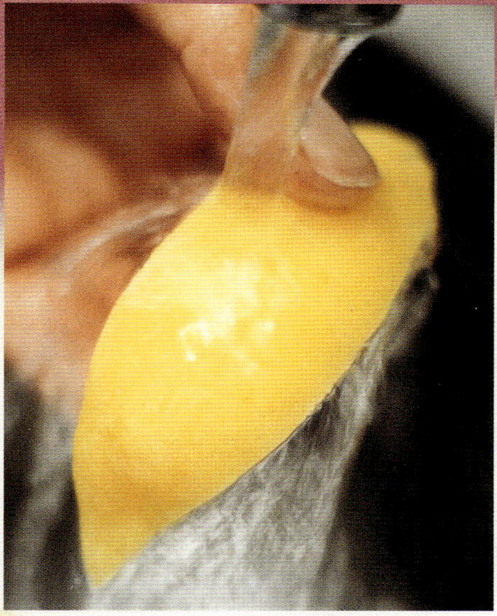

Kebabs d'agneau

Pour 4 personnes

Au Maroc, ces brochettes d'agneau sont très souvent mangées dans la rue avec du pain mais on peut aussi les servir en hors-d'œuvre. La viande est coupée en petits cubes et mise à mariner avant d'être grillée.

750 g de gigot d'agneau désossé
1 oignon râpé
1 c. c. de paprika
1 c. c. de cumin moulu
2 c. s. de persil plat ciselé
60 ml d'huile d'olive
poivre noir du moulin

Sauce tomate à la harissa

2 tomates bien mûres
1/2 oignon brun râpé
1 c. s. d'huile d'olive
1 c. c. de harissa
1/2 c. c. de sucre
1/2 c. c. de sel

Ne dégraissez pas la viande. Coupez-la en cubes de 3 cm et mettez-la dans un récipient avec l'oignon, le paprika, le cumin, le persil et l'huile d'olive. Poivrez. Remuez la viande pour l'enrober de sauce, couvrez et laissez mariner au moins 2 heures au réfrigérateur.

Pour la sauce, coupez les tomates en deux dans la largeur et retirez les pépins. Prélevez la chair dans un saladier (avec une petite cuillère par exemple) puis jetez la peau. Dans une casserole, faites cuire l'oignon 2 minutes dans l'huile d'olive puis incorporez la harissa, le sucre et le sel. Couvrez et laissez mijoter 10 minutes. Retirez le couvercle et laissez encore 4 minutes sur le feu pour faire épaissir la sauce. Transvasez-la dans un saladier.

Piquez la viande sur des brochettes en laissant un peu d'espace entre chaque cube. Faites-la cuire ensuite au barbecue 6 minutes environ, en retournant souvent les brochettes et en les badigeonnant régulièrement de marinade. Vous pouvez aussi les faire cuire sur un gril en fonte ou au four.

Servez les kebabs accompagnés de sauce. Vous pouvez aussi les servir avec du cumin fraîchement moulu et du sel présentés séparément dans des petits bols.

Coupez la viande en gros cubes avec un couteau bien aiguisé.

Faites-la mariner 2 heures avant de préparer les brochettes.

Briouats à l'agneau . . . . Pour 12 briouats

CES PETITS ROULEAUX FARCIS SONT PARFAITS EN HORS-D'ŒUVRE CAR ILS SE MANGENT AVEC LES DOIGTS. ON LES SERT GÉNÉRALEMENT FRITS, MAIS DANS CETTE RECETTE, NOUS AVONS UTILISÉ DE LA PÂTE À BRICK, QUI PERMET UNE CUISSON AU FOUR. LE RÉSULTAT OFFRE L'AVANTAGE D'ÊTRE MOINS CALORIQUE QUE LA VERSION AUTHENTIQUEMENT MAROCAINE...

1 c. s. d'huile d'olive
1 petit oignon brun finement haché
350 g de viande d'agneau hachée
2 gousses d'ail pilées
2 c. c. de cumin moulu
1/2 c. c. de gingembre moulu
1/2 c. c. de paprika
1/2 c. c. de cannelle moulue
1 pincée de stigmates de safran trempés dans un peu d'eau chaude
1 c. c. de harissa
2 c. s. de coriandre ciselée
2 c. s. de persil plat ciselé
sel
1 œuf
6 à 8 feuilles de brick
90 g de beurre fondu
1 c. s. de graines de sésame

Badigeonnez de beurre fondu les bandes de pâte.

Déposez la farce sur la pâte puis formez un rouleau.

Faites chauffer l'huile dans une grande poêle pour y faire fondre l'oignon 5 minutes à feu doux. Ajoutez l'agneau et l'ail et laissez cuire 5 minutes à feu vif, en écrasant délicatement la viande avec le dos d'une cuillère en bois. Incorporez le cumin, le gingembre, le paprika, la cannelle, le safran avec son eau de trempage, la harissa, la coriandre et le persil. Salez à votre goût et continuez la cuisson 1 minute en remuant.

Mettez la viande et la sauce dans une passoire et laissez égoutter quelques minutes avant de transférer le tout dans un saladier. Laissez tiédir puis ajoutez l'œuf.

Empilez les feuilles de brick sur une grande planche à découper puis coupez-les dans la largeur pour obtenir 24 bandes de 13 cm de large et d'environ 30 cm de long. Couvrez-les d'une serviette pendant que vous préparez un à un les briouats.

Posez une bande de pâte sur une planche et badigeonnez-la de beurre fondu. Couvrez avec une seconde bande de pâte et badigeonnez également cette dernière de beurre fondu. Déposez 1 cuillerée à soupe de farce à 1 cm du bord, sur un petit côté. Formez un rouleau en rabattant les grands côtés sur la farce pour enfermer la garniture. Mettez le briouat sur une plaque de cuisson légèrement graissée, la jointure de la pâte en dessous. Répétez l'opération avec le reste des ingrédients. Badigeonnez les rouleaux de beurre fondu et parsemez-les de graines de sésame.

Préchauffez le four à 180 °C. Il est préférable de lancer le préchauffage après avoir préparé tous les briouats pour que la cuisine reste relativement fraîche (sinon, la pâte risque de se dessécher). Faites dorer les briouats 15 minutes au four. Servez-les chauds.

Autour de l'olive

LES OLIVES SONT UN INGRÉDIENT IMPORTANT DE LA CUISINE MAROCAINE ET, DANS LES SOUKS, ELLES TRÔNENT À L'ENTRÉE DE NOMBREUSES ÉCHOPPES. ELLES OFFRENT DES COULEURS DIFFÉRENTES SELON LE STADE DE MATURITÉ AUQUEL ELLES ONT ÉTÉ CUEILLIES : VERTES ET REBONDIES, VERT PÂLE TEINTÉ DE ROSE, LIE-DE-VIN, NOIR VIOLACÉ ET ENFIN NOIR PROFOND AVEC LA PEAU LÉGÈREMENT RATATINÉE. CES TEINTES S'ESTOMPENT OU S'INTENSIFIENT LORS DU PROCESSUS DE SALAGE. LES OLIVES VERTES SONT CONCASSÉES ENTRE DEUX PIERRES POUR EXPOSER LA PULPE AU SEL ET PERMETTRE AUX ARÔMES DU FRUIT DE S'EXHALER À LA CUISSON.

Salade de concombre aux olives

Lavez 4 petits concombres et essuyez-les avec du papier absorbant. Ne les pelez pas si la peau est tendre. Râpez-les grossièrement dans une passoire, saupoudrez d'un peu de sel et laissez dégorger. Égouttez les concombres avant de les mélanger dans un saladier avec 1 oignon rouge finement haché et 3 c. c. de sucre en poudre. Battez 1 c. s. de vinaigre de vin rouge avec 60 ml d'huile d'olive dans un bol puis ajoutez 1 c. c. de thym-citron ciselé et du poivre noir. Fouettez cet assaisonnement et versez-le sur le concombre. Couvrez et laissez la salade 15 minutes au réfrigérateur. Parsemez de 90 g d'olives noires et accompagnez de pain plat. Pour 4 personnes.

Olives chaudes au citron et aux herbes

Rincez 350 g d'olives vertes concassées en saumure ou d'olives noires, mettez-les dans une casserole et couvrez-les d'eau. Portez à ébullition. Laissez cuire les olives 5 minutes avant de les égoutter. Versez 80 ml d'huile d'olive dans une casserole, ajoutez 1 c. c. de graines de fenouil et laissez chauffer jusqu'à ce qu'elles embaument. Ajoutez 2 gousses d'ail finement hachées, les olives égouttées, 1 pincée de poivre de Cayenne, le jus et le zeste râpé d'un citron. Remuez 2 minutes, jusqu'à ce que les olives soient chaudes. Transférez le tout dans un saladier. Ciselez quelques feuilles de coriandre et de persil avant de les ajouter dans la salade. Servez aussitôt avec du pain. Pour 4 personnes.

Salade de fenouil aux olives

Lavez 2 bulbes de fenouil et retirez les feuilles extérieures. Supprimez les fanes, coupez la base du bulbe, émincez ce dernier dans un saladier. Ajoutez 125 g d'olives noires. Battez 2 c. c. de jus de citron avec 80 ml d'huile d'olive dans un bol. Salez et poivrez puis ajoutez 2 c. c. de persil frais ciselé. Vous pouvez également relever la sauce avec 1 c. c. de piment rouge épépiné et finement haché. Versez cette sauce sur la salade, remuez délicatement et servez. Pour 4 personnes.

Salade de concombre aux olives

Briouats de la mer .... Pour 24 briouats

LORSQUE L'ON EMPLOIE DES FEUILLES DE BRICK POUR CONFECTIONNER DES PETITES BOUCHÉES, IL FAUT ÉVITER DE TROP LES MANIPULER. EMPILEZ LES FEUILLES POUR LES COUPER EN BANDES PUIS METTEZ-LES SOUS UNE SERVIETTE PENDANT QUE VOUS PRÉPAREZ LA RECETTE.

Farce

250 g de poisson blanc sans arêtes
(ou 200 g de crevettes cuites décortiquées)
2 c. s. de persil plat ciselé
1 oignon blanc haché
1 gousse d'ail pilée
1 c. c. de paprika
1/4 c. c. de cumin moulu
1 pincée de poivre de Cayenne
1 c. s. de jus de citron
1 c. s. d'huile d'olive

6 feuilles de brick
1 blanc d'œuf légèrement battu
de l'huile pour la friture
55 g de sucre en poudre
1 c. c. de cannelle moulue
1 pincée de poivre de Cayenne

Repliez la pâte sur la farce pour former un triangle.

Badigeonnez l'extrémité de la bande avec du blanc d'œuf.

Pour la farce, faites pocher le poisson 4 à 5 minutes dans de l'eau légèrement salée puis égouttez-le. Laissez-le tiédir puis émiettez-le dans un saladier (si vous préparez la recette avec des crevettes, coupez celles-ci en petits morceaux). Ajoutez le persil, l'oignon, l'ail, le paprika, le cumin, le poivre de Cayenne, le jus de citron et l'huile d'olive. Mélangez.

Empilez les feuilles de brick sur une grande planche à découper et coupez-les en 24 bandes de 13 cm de large sur environ 30 cm de long. Couvrez-les d'une serviette pendant que vous préparez les briouats.

Posez une bande de pâte sur une planche et pliez-la en deux pour obtenir une bande de 6,5 cm de large. Déposez 1 cuillerée à café de farce à 2 cm du bord puis rabattez la pâte en biais sur la farce de façon à former un triangle. Continuez de plier la pâte en triangle. Badigeonnez de blanc d'œuf l'extrémité de la bande de pâte pour fermer le triangle. Mettez-le sur un plateau, la jointure de la pâte en dessous. Répétez l'opération avec le reste des ingrédients, en couvrant les briouats d'une serviette propre jusqu'au moment de les faire frire. Travaillez vite car tous les briouats doivent être confectionnés en 10 minutes pour que la pâte ne sèche pas trop.

Faites chauffer l'huile de friture à 180 °C. Testez sa température en jetant un morceau de pain dedans : il doit dorer en 15 secondes. Faites frire les briouats quatre par quatre en les retournant en cours de cuisson puis sortez-les avec une écumoire et égouttez-les sur du papier absorbant. Servez-les bien chauds, avec un mélange de sucre, de cannelle et de poivre de Cayenne.

Salade de tomates au citron confit .... Pour 4 personnes

POUR CETTE RECETTE, CHOISISSEZ DES TOMATES MÛRES ET TRÈS PARFUMÉES. ELLE SE PRÉPARE EN ÉTÉ, AVEC LES LÉGUMES DE SAISON. SERVEZ-LA EN HORS-D'ŒUVRE, SUIVANT LA TRADITION MAROCAINE, OU POUR ACCOMPAGNER DU POULET OU DE L'AGNEAU GRILLÉ.

750 g de tomates
1 oignon rouge
1 citron confit
60 ml d'huile d'olive
1 c. s. de jus de citron
1/2 c. c. de paprika
1/2 c. c. de sel
poivre noir du moulin
1 c. s. de persil plat ciselé
2 c. s. de coriandre fraîche ciselée

Pour peler les tomates, incisez en croix la base de chaque fruit avec la pointe d'un couteau. Faites-les tremper 20 secondes dans une casserole d'eau bouillante puis rafraîchissez-les en les plongeant dans l'eau froide. La peau doit s'enlever facilement en partant de l'incision. Coupez les tomates en deux et épépinez-les. Détaillez-les enfin en dés et mettez ces derniers dans un saladier.

Coupez l'oignon en deux dans la hauteur avant de le couper en quartiers fins. Mettez-les dans le saladier.

Coupez un citron confit en quatre, retirez la pulpe et jetez-la. Rincez le zeste puis essuyez-le avec du papier absorbant avant de le détailler en fines lanières. Mettez-le également dans le saladier.

Mélangez dans un bol l'huile d'olive, le jus de citron et le paprika. Salez et poivrez. Arrosez la salade de cet assaisonnement, mélangez, couvrez et laissez reposer 30 minutes au frais. Décorez de persil et de coriandre juste avant de servir.

Dégustez les salades de tomates en été, quand les fruits ont mûri au soleil. Choisissez des tomates bien rouges mais un peu fermes (gardez les plus mûres pour les coulis ou les sauces). Certaines variétés apparues sur nos marchés ces dernières années ont une peau épaisse et leur chair manque souvent de goût : ces tomates ont été sélectionnées pour supporter plusieurs heures de transport et des manipulations nombreuses entre la cueillette et la vente. Laissez-les à température ambiante pour qu'elles finissent de mûrir. Quand elles sont à point, vous pouvez les garder au réfrigérateur, à condition de les sortir 1 heure avant de les accommoder en salade : le froid a tendance à en atténuer les parfums. Si la peau est trop épaisse, ôtez-la. Si vous devez les cuire, un peu de concentré de tomates et de sucre rehausseront leur saveur.

Autour de la carotte

Introduite en Europe par les Arabes via l'Espagne, l'humble carotte est un légume très employé dans la cuisine marocaine, en hors-d'œuvre comme dans les plats cuisinés. Sa couleur illumine les tables les plus simples et on peut l'accommoder avec différents épices ou aromates. Retirez le cœur des carottes, un peu dur, surtout si vous devez les couper en bâtonnets.

Carottes aux épices

Détaillez 500 g de carottes en bâtonnets et faites-les cuire 10 minutes dans de l'eau bouillante salée. Égouttez-les et mettez-les dans un saladier. Mélangez dans un bol 1/2 c. c. de paprika, 1/2 c. c. de cumin moulu, 2 c. s. de persil plat ciselé, 1 c. s. de jus de citron et 2 c. s. d'huile d'olive. Versez cet assaisonnement sur les carottes encore chaudes et remuez délicatement. Couvrez et laissez reposer 2 heures au réfrigérateur pour que les arômes se développent. Servez à température ambiante. Pour 4 personnes.

Salade de carottes et d'oranges

Rincez et essuyez 3 oranges. Pelez-les à vif avec un couteau bien aiguisé puis prélevez les quartiers au-dessus d'un bol pour recueillir le jus. Mettez les quartiers dans un autre bol. Pelez 500 g de carottes et râpez-les grossièrement ou détaillez-les en fine julienne avec une mandoline. Mettez-les dans un saladier. Ajoutez au jus d'orange 2 c. s. de jus de citron, 1 c. c. de cannelle moulue, 1 c. s. de sucre en poudre, 1 petite pincée de sel et 1 c. s. d'eau de fleur d'oranger. Versez cette sauce sur les carottes et remuez. Réservez au réfrigérateur. Au moment de servir, égouttez les quartiers d'orange (ils auront rendu un peu de jus) et disposez-les sur le pourtour du plat de service. Disposez au centre les carottes râpées et décorez de petites feuilles de menthe. Saupoudrez les oranges d'un peu de cannelle moulue. Pour 6 personnes.

Soupe de carottes aux épices

Épluchez et râpez 500 g de carottes. Râpez un oignon et faites-le fondre 3 minutes à feu moyen dans 30 g de beurre. Ajoutez 2 gousses d'ail pilées, 1 pincée de poivre de Cayenne et 1/2 c. c. de chacune de ces épices moulues : curcuma, gingembre, cannelle, paprika et cumin. Incorporez enfin les carottes râpées. Laissez cuire quelques secondes puis versez 1,25 litre de bouillon de volaille. Portez à ébullition, couvrez et laissez mijoter 15 minutes à feu doux. Ajoutez 50 g de couscous et remuez jusqu'à reprise de l'ébullition. Couvrez et laissez mijoter 20 minutes. Incorporez 2 c. c. de jus de citron et servez la soupe chaude, parsemée de persil plat ciselé. Pour 4 personnes.

Carottes aux épices

Salade tiède aux aubergines . . . . Pour 6 à 8 personnes

CETTE SALADE TRÈS POPULAIRE AU MAROC PORTE LE NOM DE *ZAALOUK*. TOUS SES INGRÉDIENTS SONT CUITS. SERVEZ-LA AVEC DU PAIN PLAT LÉGÈREMENT GRILLÉ. VOUS POUVEZ L'ACCOMPAGNER D'UN FILET D'HUILE D'OLIVE.

2 aubergines moyennes
3 tomates
de l'huile d'olive pour la friture
2 gousses d'ail finement hachées
1 c. c. de paprika
1/2 c. c. de cumin moulu
1/4 c. c. de poivre de Cayenne
2 c. s. de coriandre fraîche ciselée
2 1/2 c. s. de jus de citron
poivre noir du moulin

Retirez des bandes de peau sur les aubergines.

À l'aide d'un épluche-légumes, prélevez de fines bandes de peau sur toute la longueur des aubergines. Coupez celles-ci en tranches de 1 cm d'épaisseur, mettez-les dans une passoire, saupoudrez-les de sel et faites-les dégorger 20 à 30 minutes, puis rincez-les à l'eau froide. Égouttez-les puis séchez-les avec du papier absorbant.

Pour peler les tomates, incisez en croix la base de chaque fruit avec la pointe d'un couteau. Faites-les tremper 20 secondes dans une casserole d'eau bouillante puis rafraîchissez-les en les plongeant dans l'eau froide. La peau doit s'enlever facilement en partant de l'incision. Coupez les tomates en deux et épépinez-les. Détaillez-les en quartiers.

Versez de l'huile d'olive dans une sauteuse sur une hauteur de 5 mm et faites-la chauffer pour y faire frire les tranches d'aubergine : elles doivent être dorées sur les deux faces. Procédez en plusieurs fois et ajoutez de l'huile au besoin. Quand les tranches d'aubergine sont cuites, réservez-les au chaud entre deux assiettes.

Videz l'huile de la sauteuse mais gardez-en au fond l'équivalent d'une cuillerée à soupe. Faites-y revenir l'ail quelques secondes puis ajoutez les tomates, le paprika, le cumin et le poivre de Cayenne. Laissez cuire quelques secondes avant d'augmenter le feu puis ajoutez les tranches d'aubergine. Pressez-les délicatement avec une fourchette ainsi que les tomates. Laissez sur le feu jusqu'à évaporation presque complète du jus de cuisson. Retirez un peu d'huile en surface puis incorporez la coriandre et le jus de citron. Donnez un tour de moulin à poivre et salez si nécessaire. Transférez dans un plat de service. Décorez de fines tranches de citron frais ou de lanières de citron confit (facultatif). Servez la salade tiède ou à température ambiante, avec du pain marocain.

Sardines farcies

Pour 6 personnes

FARCIES AVEC DE LA CHERMOULA, LES SARDINES PRENNENT UNE NOUVELLE SAVEUR. VOUS POUVEZ DEMANDER À VOTRE POISSONNIER DE PRÉPARER LES POISSONS MAIS L'OPÉRATION N'EST PAS TRÈS COMPLIQUÉE. LES QUEUES PEUVENT ÊTRE GARDÉES POUR UN EFFET DÉCORATIF.

24 sardines fraîches écaillées
sel
de l'huile d'olive pour la friture
de la farine
des quartiers de citron

Chermoula

1 c. s. d'oignon râpé
1 gousse d'ail pilée
3 c. s. de persil plat finement ciselé
3 c. s. de coriandre fraîche ciselée
1/4 c. c. de poivre de Cayenne
1/2 c. c. de paprika
1/4 c. c. de poivre noir du moulin
1/2 c. c. de cumin moulu
1/2 c. c. de zeste de citron râpé
2 c. c. de jus de citron
2 c. c. d'huile d'olive

Coupez la tête des sardines. Incisez l'abdomen, videz-les et rincez-les à l'eau froide. Ouvrez les sardines et retirez l'arête centrale. Aplatissez les filets, tamponnez-les avec du papier absorbant pour les sécher puis saupoudrez-les de sel à l'intérieur.

Préparez la chermoula en mettant dans un récipient tous les ingrédients. Mélangez bien.

Posez 12 sardines sur le plan de travail, sur la peau. Étalez la chermoula dessus puis couvrez avec une autre sardine, la peau vers l'extérieur. Pressez délicatement.

Versez de l'huile dans une sauteuse sur une hauteur de 5 mm et faites-la chauffer. Farinez les sardines avant de les faire frire 2 minutes de chaque côté, jusqu'à ce qu'elles soient dorées et croustillantes. Servez-les chaudes, accompagnées de quartiers de citron.

Étalez la chermoula sur la chair des sardines.

Recouvrez d'une autre sardine, la peau vers l'extérieur.

Farinez les sardines avant de les faire frire.

Autour de la tomate

LA SALADE DE TOMATES, OIGNONS ET POIVRONS EST UN GRAND CLASSIQUE DE LA CUISINE MAROCAINE. ELLE TIRE LE MEILLEUR PARTI DES TOMATES FRAÎCHES BIEN MÛRES, TOUT COMME LE CONDIMENT À LA TOMATE. CAR SI CE DERNIER PEUT ÊTRE PRÉPARÉ AVEC DES TOMATES EN BOÎTE, IL ATTEINT LA PERFECTION QUAND ON LE CUISINE AVEC DES LÉGUMES FRAIS. ON LE SERT EN HORS-D'ŒUVRE AVEC DU PAIN OU POUR PARFUMER UN TAJINE OU UN POISSON.

Gombos à la sauce tomate

Rincez 500 g de gombos frais ou égouttez 800 g de gombos en conserve. Faites chauffer 60 ml d'huile d'olive dans une sauteuse à feu moyen et faites-y dorer 5 minutes 1 oignon haché. Ajoutez 2 gousses d'ail pilées et continuez la cuisson 1 minute. Si les gombos sont frais, ajoutez-les et laissez-les cuire 4 à 5 minutes en remuant. Ajoutez 400 g de tomates fraîches pelées, épépinées et concassées, 2 c. c. de sucre et 60 ml de jus de citron. Laissez mijoter 5 minutes en remuant à plusieurs reprises. Si vous utilisez des gombos en boîte, mettez-les dans la sauce et réchauffez-les rapidement avant de retirer la sauteuse du feu pour y ajouter 60 g de coriandre ciselée. Servez aussitôt. Pour 4 à 6 personnes.

Salade de tomates, oignons et poivrons

Coupez 2 poivrons verts en quatre et épépinez-les. Faites-les griller au four puis mettez-les dans un sac de congélation. Laissez-les reposer quelques minutes avant de les peler. Coupez la chair en fines lanières. Mettez ces dernières dans un saladier avec 4 tomates fraîches pelées, épépinées et détaillées en dés. Coupez 1 oignon rouge en deux dans la longueur, ôtez la base et détaillez chaque moitié en quartiers minces. Mettez-les dans le saladier. Ajoutez 1 gousse d'ail finement hachée et 1 cuillerée à soupe de persil plat ciselé. Mélangez 80 ml d'huile d'olive, 1 c. s. de vinaigre de vin rouge, du sel et du poivre au moulin. Arrosez-en la salade et remuez délicatement. Pour 4 personnes.

Condiment à la tomate

Choisissez 1,5 kg de tomates bien mûres. Coupez-les en deux et retirez les pépins. Prélevez la chair avec une petite cuillère au-dessus d'un saladier puis jetez la peau. Faites chauffer à feu doux 60 ml d'huile d'olive dans une sauteuse pour y faire revenir pendant 5 minutes 1 oignon haché. Ajoutez 2 gousses d'ail pilées, 1 c. c. de gingembre moulu et 1 bâton de cannelle. Poivrez et laissez mijoter 1 minute avant d'incorporer 1 pincée de safran, 60 g de concentré de tomates, la chair des tomates et un peu de sel. Laissez cuire 45 minutes à feu moyen sans couvrir : tout le jus doit être évaporé. Remuez régulièrement pour éviter que la sauce attache. En fin de cuisson, ajoutez 2 c. s. de miel et 2 c. c. de cannelle moulue. Laissez sur le feu 2 minutes puis rectifiez l'assaisonnement. Vous pouvez conserver ce condiment 1 semaine au réfrigérateur, dans un bocal en verre. Pour 625 ml.

Gombos à la sauce tomate

Bricks au thon et à l'œuf .... Pour 2 personnes

CETTE SPÉCIALITÉ TUNISIENNE EST AUJOURD'HUI TRÈS LARGEMENT RÉPANDUE AU MAROC. POUR LA DÉGUSTATION, TENEZ LE BRICK PAR DEUX DES ANGLES EN L'ORIENTANT VERS LE HAUT PUIS MORDEZ DEDANS. LE JAUNE D'ŒUF DOIT COULER VERS L'INTÉRIEUR POUR NAPPER LA FARCE.

2 c. s. d'oignon finement haché
2 c. c. d'huile d'olive
3 filets d'anchois finement hachés
100 g de thon en boîte au naturel
2 c. c. de câpres rincées, égouttées et hachées
2 c. s. de persil plat ciselé
de l'huile pour la friture
4 feuilles de brick
1 blanc d'œuf légèrement battu
4 petits œufs

Faites fondre l'oignon à feu doux dans l'huile d'olive. Ajoutez les anchois et poursuivez la cuisson en remuant puis transférez le mélange dans un saladier. Égouttez le thon, émiettez-le et mettez-le dans le saladier avant d'ajouter les câpres et le persil. Mélangez bien.

Versez de l'huile dans une sauteuse sur une hauteur de 1 cm et faites-la chauffer à feu moyen.

Posez une feuille de brick sur le plan de travail et badigeonnez les bords de blanc d'œuf battu. Disposez un quart de la farce en triangle sur l'une des moitiés de la feuille, la base du triangle de farce étant exactement au centre de la feuille. Faites un creux au centre de la farce avec le dos d'une cuillère à soupe et cassez 1 œuf dedans. Rabattez la feuille sur la farce et scellez les bords en les pressant bien.

Soulevez délicatement le brick avec une spatule puis faites-le glisser dans l'huile chaude pour le faire frire 30 secondes de chaque côté (50 secondes pour un œuf plus cuit). Quand le brick est doré et croustillant, sortez-le avec la spatule et laissez-le égoutter sur du papier absorbant. Préparez un autre brick et faites-le frire de la même façon que le premier. Surtout, ne préparez pas tous les bricks à l'avance avant de les faire cuire car la farce humide détremperait la pâte qui se briserait à la cuisson.

Étalez la farce sur la feuille et cassez un œuf au centre.

Repliez la feuille sur la farce pour former un triangle.

Faites frire le brick dans l'huile chaude jusqu'à ce qu'il soit doré.

Autour du cumin

ON LE TROUVE DANS PRESQUE TOUS LES PLATS MAROCAINS, SEUL OU ASSOCIÉ AVEC D'AUTRES ÉPICES DOUCES OU PLUS RELEVÉES. MÉLANGÉ AVEC DU SEL, IL EST SERVI EN ACCOMPAGNEMENT DE VIANDES GRILLÉES OU MIJOTÉES, EN PARTICULIER L'AGNEAU. N'EN METTEZ PAS TROP DANS LES PLATS CUISINÉS CAR SON PARFUM A TENDANCE À RECOUVRIR LES ARÔMES PLUS DÉLICATS. DANS LA RUE, LES MARCHANDS DONNENT DE PETITS CORNETS DE CUMIN POUR PARFUMER BROCHETTES DE VIANDE, KEFTAS OU POIS CHICHES.

Salade de betteraves au cumin

Coupez les fanes de 6 betteraves moyennes en gardant 2 cm de tige. Ne taillez pas les racines. Lavez soigneusement les betteraves puis faites-les bouillir 1 heure dans de l'eau salée, jusqu'à ce qu'elles soient tendres. Laissez-les tiédir. Quand vous pouvez les manipuler sans vous brûler, épluchez-les en retirant les racines (vous pouvez protéger vos mains avec des gants en caoutchouc car la couleur rouge des betteraves est tenace...). Coupez-les en fins quartiers et mettez-les dans un saladier. Mélangez dans un bol 80 ml d'huile d'olive, 1 c. s. de vinaigre de vin rouge et 1/2 c. c. de cumin en poudre ; salez et poivrez. Versez cette sauce sur les betteraves tièdes. Coupez en deux 1 oignon rouge puis recoupez chaque moitié en quartiers fins et mettez-les dans le saladier. Ajoutez un peu de persil plat ciselé. Servez tiède ou à température ambiante. Pour 4 à 6 personnes.

Caviar d'aubergines

Détaillez 2 aubergines moyennes en tranches épaisses, mettez-les dans une passoire, saupoudrez-les de sel et laissez-les dégorger 30 minutes. Rincez-les puis essuyez-les bien. Faites-les frire dans une grande quantité d'huile jusqu'à ce qu'elles soient dorées des deux côtés puis égouttez-les sur du papier absorbant avant de les couper en petits morceaux. Mettez-les dans une passoire et laissez-les reposer jusqu'à ce que toute l'huile soit égouttée. Mélangez-les alors avec 2 gousses d'ail pilées, 1 c. c. de paprika, 2 c. c. de cumin moulu, 2 c. s. de coriandre ciselée et 1/2 c. c. de sucre en poudre. Essuyez la poêle et faites chauffer le mélange aux aubergines 2 minutes à feu moyen, en remuant sans cesse. Transférez le mélange dans un saladier, versez 1 c. s. de jus de citron, salez et poivrez. Servez à température ambiante. Dégustez avec du pain ou avec un assortiment de salades. Pour 6 à 8 personnes.

Kebabs de foie

Parez un morceau de foie d'agneau de 500 g en retirant la fine membrane qui le recouvre. Coupez-le en tranches de 2 cm d'épaisseur, dénervez-le si besoin, puis détaillez-le en cubes. Mettez-le dans un saladier et saupoudrez avec 1 c. c. de paprika, 1/2 c. c. de cumin moulu, 1 pincée de poivre de Cayenne et 1 pincée de sel. Ajoutez 2 c. s. d'huile d'olive et mélangez. Laissez mariner 5 minutes. Enfilez 5 ou 6 cubes de foie sur chaque brochette en laissant un peu d'espace entre eux. Faites cuire les brochettes 1 minute de chaque côté au barbecue ou sur un gril en fonte, en les badigeonnant avec le reste de marinade. Servez avec un pain marocain : coupez-le en quatre et fendez chaque quartier en deux presque jusqu'au bout. Insérez les morceaux de foie de deux brochettes dans chaque poche de pain. Vous pouvez aussi servir ces kebabs sur du pain pita que vous enroulerez ensuite autour de la viande. Accompagnez d'un mélange de cumin et de sel et d'un peu de harissa délayée dans de l'eau chaude. Pour 4 personnes.

Salade de betteraves au cumin

Merguez aux poivrons et aux oignons . . Pour 4 personnes

Ces pains garnis de merguez grillées, de poivron et d'oignons frits sont vendus couramment dans les petites échoppes marocaines. En hors-d'œuvre, coupez les merguez en petits tronçons, mélangez-les avec les légumes et servez-les dans un petit saladier.

8 merguez
2 poivrons verts
1 poivron rouge
1 gros oignon
2 c. s. d'huile d'olive
sel et poivre noir du moulin
2 pains marocains ronds ou 4 petits pains pita

Piquez les merguez avec une fourchette et faites-les griller 10 minutes au barbecue ou sur un gril en fonte, en les retournant souvent.

Coupez les poivrons en quatre, épépinez-les et coupez-les en lanières de 1 cm de large. Coupez l'oignon en fines tranches. Faites chauffer l'huile d'olive dans une poêle et faites frire l'oignon et le poivron 10 minutes environ, en remuant régulièrement. Baissez le feu si l'oignon commence à brûler. Salez et poivrez.

Coupez le pain marocain en quatre, ouvrez chaque quartier et garnissez-le avec une merguez et un peu d'oignons et de poivrons frits. Si vous avez choisi des pains pitas, déposez deux merguez et quelques légumes sur les pains et roulez ces derniers. Dégustez aussitôt.

La merguez qui emporte la bouche est une spécialité tunisienne que l'on retrouve dans tous les pays du Maghreb. La version marocaine est moins pimentée. À base de viande d'agneau, elle comporte aussi une bonne dose de graisse qui lui donne son moelleux et son goût ; elle est relevée de harissa et d'ail et parfumée de fenouil moulu, de graines de cumin, de paprika, de poivre noir et de piment de la Jamaïque.

Le pain

Pour un Marocain, le pain *(khobz)* est sacré et on ne doit pas le gaspiller. À la campagne, on l'appelle *kisra*. La plupart des femmes le font elles-mêmes et le font cuire dans le four à pain le plus proche (tous les quartiers en possèdent, même les quartiers récents construits à la périphérie des villes). Les pains industriels sont blancs mais le pain de ménage est fait avec de la farine complète parfois mélangée avec un peu d'orge. Il est préparé dans un récipient en terre cuite *(gsaa)*. Un peu d'eau, de sucre et de sel, un peu de levain, un savant pétrissage car la pâte ne doit pas trop lever puis le pain repose dans un linge propre avant d'être mis sur une grande plaque pour être porté au four.

Le pain est façonné en miches rondes et plates, marquées d'un signe identifiant chaque famille ; elles sont recouvertes d'un tissu et on ne les fait lever qu'une fois. Des graines d'anis et de sésame sont parfois incorporées à la pâte ou parsemées dessus.

La croûte légère de ces miches absorbe la sauce d'un tajine mais elle doit être aussi assez compacte pour permettre de porter les aliments à la bouche : au Maroc, la nourriture se mange traditionnellement sans couverts. On la saisit entre le pouce, l'index et le majeur de la main droite, en s'aidant de morceaux de pain. Le pain est coupé en quartiers distribués devant chaque convive. Des miches plus plates sont confectionnées pour déguster les kebabs et certaines boulangeries proposent des baguettes, un héritage de la présence française.

Parmi les autres pains du bled (la campagne), on trouve le *tarfist*, une galette cuite sur un dôme en terre cuite posé sur des braises. Une autre galette de pain, le *tagella*, est cuite sur des pierres chaudes par les Touaregs (les Berbères nomades du Sahara).

Crêpes fourrées au bœuf .... Pour 12 crêpes

SOIGNEUSEMENT ROULÉES, CES CRÊPES DE PÂTE FEUILLETÉE LEVÉE SONT LÉGÈRES ET CROUSTILLANTES. LA KEFTA ÉPICÉE REMPLACE ICI LA VIANDE EN CONSERVE *(KHLII)* EMPLOYÉE TRADITIONNELLEMENT AU MAROC POUR GARNIR CES CRÊPES.

2 c. c. de levure déshydratée
1 c. c. de sucre
1/2 c. c. de sel
350 g de farine
de l'huile d'olive pour la pâte
de l'huile pour la friture

Kefta épicée

4 c. s. de smen (p. 187) ou de beurre clarifié
250 g de viande de bœuf hachée
2 c. s. d'oignon râpé
4 gousses d'ail finement hachées
2 c. c. de cumin moulu
2 c. c. de coriandre moulue
sel et poivre noir du moulin

Délayez la levure dans 125 ml d'eau tiède et incorporez le sucre. Tamisez la farine avec le sel dans un saladier et creusez un puits au centre. Versez la levure diluée et ajoutez 125 ml d'eau tiède dans le puits. Faites glisser assez de farine sur le liquide pour former une pâte fine, couvrez le saladier d'un linge et laissez reposer 15 minutes, jusqu'à ce que des bulles se forment. Incorporez petit à petit le reste de farine et malaxez à la main pour obtenir une pâte collante. Si elle est trop ferme, ajoutez un peu d'eau. Pétrissez-la 10 minutes dans le saladier ; elle doit être souple et lisse. Versez un peu d'huile d'olive sur la paroi du saladier, roulez la boule de pâte dessus puis laissez-la reposer 30 minutes dans un endroit chaud.

Pour la kefta épicée, faites chauffer le smen ou le beurre clarifié dans une poêle, ajoutez le bœuf et faites-le dorer à feu vif. Baissez le feu pour ajouter l'oignon, l'ail, le cumin et la coriandre. Salez et poivrez. Laissez cuire 2 minutes en remuant puis mouillez avec 500 ml d'eau. Couvrez et laissez mijoter 30 à 45 minutes, jusqu'à ce que tout le liquide soit évaporé. Mixez le mélange puis laissez-le refroidir.

Huilez vos mains puis tapotez la pâte avant de la diviser en douze portions. Huilez le plan de travail et le rouleau à pâtisserie puis abaissez une portion de pâte en une fine feuille ronde de 18 cm de diamètre. Étalez dessus 1 cuillerée à soupe de kefta. Rabattez deux côtés opposés vers le milieu en les faisant se chevaucher puis les deux autres côtés opposés pour former un rectangle de 9 cm sur 13 cm. Posez ce dernier sur une plaque de cuisson huilée. Répétez l'opération avec le reste des ingrédients.

Versez de l'huile végétale dans une poêle sur une hauteur de 1 cm. Quand elle commence à fumer, baissez le feu. Faites frire les crêpes deux par deux, 1 minute de chaque côté, puis égouttez-les sur du papier absorbant. Servez-les chaudes.

Étalez la pâte au rouleau pour former un disque fin.

Rabattez la pâte vers le milieu pour former un rectangle.

Pain marocain

Pour 3 pains

CONSERVEZ LA LEVURE DÉSHYDRATÉE AU RÉFRIGÉRATEUR. SI ELLE NE PREND PAS, DILUEZ-EN 1/2 CUILLERÉE À CAFÉ AINSI QUE 1/2 CUILLERÉE À CAFÉ DE SUCRE DANS 3 CUILLERÉES À SOUPE D'EAU PUIS LAISSEZ REPOSER 10 MINUTES. LE MÉLANGE DOIT MOUSSER.

3 c. c. de levure déshydratée

500 g de farine à pain

200 g de farine complète

1 1/2 c. c. de sel

125 ml de lait tiède

2 c. s. de polenta

1 c. s. de graines d'anis ou de sésame grillées (facultatif)

Diluez la levure dans 125 ml d'eau tiède. Tamisez les farines et le sel dans un saladier et formez un puits au centre. Versez la levure diluée dans le puits et ajoutez 250 ml d'eau tiède puis le lait. Faites glisser assez de farine dans le puits pour obtenir une pâte fine, couvrez le saladier d'un linge et laissez reposer 15 minutes, jusqu'à ce que des bulles se forment.

Incorporez petit à petit le reste de farine et travaillez le mélange à la main pour obtenir une pâte souple ; ajoutez un peu d'eau si nécessaire. Transférez la pâte sur un plan de travail légèrement fariné et pétrissez-la 10 minutes ; elle doit être lisse et élastique. Ajoutez un peu de farine si la pâte reste collante après quelques minutes de pétrissage.

Cette pâte ne devant lever qu'une fois, divisez-la en trois parts égales. Formez trois boules de pâte et étendez-les au rouleau, sur le plan de travail légèrement fariné, pour former des disques de 25 cm de diamètre environ.

Tamisez la polenta sur des plaques de cuisson. Déposez les pains dessus, badigeonnez d'un peu d'eau le dessus et garnissez-le de graines d'anis ou de sésame. Pressez légèrement dessus pour les enfoncer un peu dans la pâte. Couvrez les miches et laissez-les lever 1 heure dans un endroit chaud. Le pain est à point quand une légère pression du doigt laisse une empreinte sur la pâte.

Préchauffez le four à 220 °C. Juste avant d'enfourner les pains, piquez-les à la fourchette en plusieurs endroits. Laissez-les cuire 12 à 15 minutes, jusqu'à ce qu'ils soient dorés et sonnent creux quand on les tapote. Laissez-les refroidir sur une grille. Consommez le pain le jour même et coupez-le en quartiers pour le service.

Pétrissez la pâte sur le plan de travail jusqu'à ce qu'elle soit lisse et élastique.

Déposez les disques de pâte sur une plaque et rectifiez leur forme au besoin.

Recettes pour tous les jours

De la viande d'agneau grillée sur la braise exhale des arômes qui mettent nos papilles en émoi ; un pain marocain garni de viande tendre et fleurant bon les épices est tout aussi appétissant. Ces régals simples sont typiques des nombreux restaurants ambulants que l'on peut voir dans les souks et sur les places au Maroc. Les deux soupes les plus populaires, la *harira* et la *bessara*, mitonnent dans de grands chaudrons et sont servies dans des bols en terre cuite. Le soir, de longues tables couvertes de salades, de tajines et de couscous invitent les passants à s'asseoir sur des bancs pour déguster la cuisine locale servie par des hommes habillés de blanc.

Chez elles, les Marocaines préparent également de délicieux repas. Avec des ustensiles de cuisine très simples, parfois rudimentaires, elles ont su créer une cuisine traditionnelle très riche. Elles préparent les repas avec naturel et assurance, une pincée d'épice pour parfumer le tajine, une poignée d'herbe fraîche pour rehausser une salade. Elles suivent l'enseignement de leur mère en y apportant toujours une touche personnelle, une petite entorse à la règle : tous les tajines se ressemblent en apparence, pas un n'a exactement le même goût…

L'oignon, l'ail, les herbes aromatiques fraîches sont les piliers de la cuisine marocaine ; l'agneau, le poulet, les pois chiches et les lentilles sont également omniprésents. Mais le choix des légumes et des fruits cuisinés dans les tajines et les ragoûts est dicté par les saisons. Au printemps, les premières fèves, très tendres, sont cuites entières ; quand elles sont plus mûres, on les décortique après les avoir blanchies rapidement. Du printemps au début de l'été vient le temps des petits pois frais, des haricots verts, des courgettes, des artichauts sauvages et des aubergines. Les tomates, les concombres et les poivrons sont à maturité en été et l'automne annonce l'arrivée des navets, des coings, des oranges les plus parfumées, des pommes et des poires. La betterave, le chou-fleur, le céleri et le bulbe de fenouil sont des plaisirs d'hiver, tout comme le potiron qui peut cependant se garder plus longtemps. Les fruits à noyau, les melons et les baies abondent dès la fin du printemps et pendant tout l'été.

Traditionnellement, le repas principal est servi le midi et toute la maisonnée y participe. Aujourd'hui cependant, dans les villes, la famille se rassemble plutôt le soir car de plus en plus de femmes travaillent à l'extérieur. Le repas principal comporte généralement un tajine d'agneau ou de poulet aux pois chiches ou un tajine de légumes et pois chiches ou lentilles ; le vendredi, on cuit le couscous. Les légumes et les fruits du jour conditionnent la composition du tajine et le choix des salades ou des accompagnements qui seront servis avec. Les aliments sont traditionnellement cuits au charbon de bois mais les cuisinières à gaz sont de plus en plus répandues. Le pain du jour qui a été pétri et cuit le matin même complète le repas. Les fruits frais sont servis à la fin du repas, suivis du thé à la menthe et d'un biscuit sucré.

Soupe de poulet au couscous

. . . . Pour 4 personnes

CHOISISSEZ UN POULET ENTIER ET COUPEZ-LE EN MORCEAUX OU OPTEZ POUR DES DÉCOUPES SI CELA VOUS SEMBLE PLUS PRATIQUE. QUAND LE POULET EST CUIT, LA CHAIR DOIT SE DÉTACHER DES OS.

1 poulet de 1,5 kg
2 c. s. d'huile d'olive
2 oignons finement hachés
1/2 c. c. de cumin moulu
1/2 c. c. de paprika
1/2 c. c. de harissa
2 tomates
1 c. s. de concentré de tomates
1 c. c. de sucre
1 bâton de cannelle
1 c. c. de sel
poivre noir du moulin
100 g de couscous
2 c. s. de persil plat ciselé
1 c. s. de coriandre fraîche ciselée
1 c. c. de menthe séchée
des quartiers de citron pour accompagner

Coupez le poulet en morceaux et retirez la peau. Faites chauffer l'huile dans une cocotte pour y faire revenir les morceaux de poulet 2 à 3 minutes à feu vif en remuant souvent. Baissez le feu et faites fondre l'oignon 5 minutes. Incorporez le cumin, le paprika et la harissa. Mouillez avec 1 litre d'eau et portez à ébullition.

Coupez les tomates en deux et épépinez-les. Râpez la chair (voir illustration ci-dessous) puis jetez la peau. Transférez la tomate dans la cocotte avec le concentré de tomates, le sucre, la cannelle, le sel et le poivre. Portez à ébullition puis baissez le feu, couvrez et laissez mijoter 1 heure.

Quand le poulet est cuit, transférez-le dans un plat à l'aide d'une écumoire. Laissez-le refroidir un peu puis détachez la viande des os et découpez-la en fines lanières. Remettez-la dans la cocotte, ajoutez 500 ml d'eau et portez à nouveau à ébullition. Versez le couscous en remuant sans cesse puis baissez le feu. Incorporez le persil, la coriandre et la menthe ; laissez mijoter 20 minutes sans couvrir. Servez cette soupe avec des quartiers de citron.

Coupez les tomates en deux et pressez-les pour les épépiner.

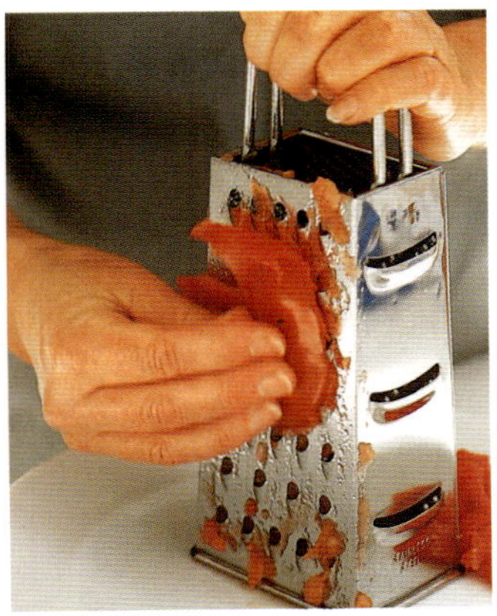

Râpez la chair des tomates sur une mandoline puis jetez la peau.

Kebabs de kefta

Pour 4 personnes

CES DÉLICIEUX KEBABS SONT VENDUS DANS LES RUES AU MAROC, SERVIS DANS DES QUARTIERS DE PAIN MAROCAIN ET ASSAISONNÉS DE HARISSA ET DE SAUCE TOMATE (PAGE 21). LA VIANDE PEUT AUSSI ÊTRE FAÇONNÉE EN GALETTES ÉPAISSES.

1 petit oignon grossièrement haché
2 c. s. de persil plat ciselé
1 c. s. de coriandre ciselée
500 g de viande d'agneau ou de bœuf hachée
1 c. c. de cumin moulu
1 c. c. de paprika
1/4 c. c. de poivre de Cayenne
1/4 c. c. de poivre noir du moulin
1 c. c. de sel

Mixez l'oignon, le persil et la coriandre. Ajoutez la viande hachée, le cumin, le paprika, le poivre de Cayenne, le poivre noir et le sel. Mélangez bien pour obtenir une pâte épaisse.

Divisez le mélange en huit parts égales. Mouillez légèrement vos mains puis façonnez 12 saucisses épaisses d'environ 9 cm de long. Couvrez-les de film alimentaire et laissez-les reposer 1 heure au frais.

Insérez une brochette au centre de chaque saucisse. Faites-les griller 10 minutes au barbecue ou sur un gril en fonte, en les retournant régulièrement pour qu'elles cuisent de façon homogène ; les keftas doivent être fermes quand on les presse avec le dos d'une fourchette.

Servez les keftas avec du pain. Vous pouvez proposer dans des bols un mélange de cumin et de sel pour que chaque convive assaisonne la viande à sa convenance.

Formez avec la viande hachée des keftas allongées et assez épaisses.

Insérez une brochette en métal au centre de chaque kefta.

Les mélanges d'épices

La harissa est un condiment tunisien fortement épicé. Les Marocains l'ont adopté en l'accommodant selon leurs propres traditions. Le résultat est à peine moins brûlant… Hachez grossièrement 125 g de piments rouges séchés et faites-les tremper 1 heure dans l'eau bouillante. Égouttez-les puis mixez-les avec 10 gousses d'ail pilées, 1 pincée de sel et 1 c. s. de chacun de ces ingrédients : menthe, coriandre moulue, cumin moulu, huile d'olive. Vous devez obtenir une purée grossière. Sans cesser de mixer, versez progressivement 100 ml d'huile d'olive. Transvasez cette pâte épaisse dans un bocal stérilisé. Recouvrez d'une fine couche d'huile et fermez hermétiquement. Vous pouvez conserver la harissa jusqu'à 6 mois au réfrigérateur. N'en mettez pas trop dans les plats car elle est très relevée ; il est préférable d'en rajouter en fin de cuisson si la préparation vous semble trop fade.

La chermoula est une marinade généralement utilisée pour la cuisson des poissons mais aussi pour le poulet ou l'agneau. On peut parfois la servir en sauce d'accompagnement. C'est un mélange heureux de coriandre fraîche, persil plat, ail, oignon, graines de coriandre et de cumin moulues, safran, paprika et poivre de Cayenne. Il existe de nombreuses versions de cette recette typiquement marocaine. On y ajoute parfois du citron confit, du jus de citron ou du vinaigre. L'huile d'olive est fondamentale.

Poulet grillé aux épices . . . . Pour 4 personnes

LES ÉPICES MAROCAINES ET LES QUARTIERS DE CITRON GRILLÉS SAUPOUDRÉS DE SUCRE GLACE APPORTENT UNE TOUCHE EXOTIQUE À CE POULET CUIT AU BARBECUE. LA SALADE CHAUDE DE POTIRON AU CITRON CONFIT (P. 86) L'ACCOMPAGNE DÉLICIEUSEMENT ET PEUT ÊTRE ÉGALEMENT PRÉPARÉE AU BARBECUE.

2 petits poulets de 800 g
1 pincée de stigmates de safran
1 c. c. de gros sel
2 gousses d'ail hachées
1 1/2 c. c. de paprika
1/4 c. c. de poivre de Cayenne
2 c. c. de cumin moulu
1/2 c. c. de poivre noir du moulin
1 c. s. de jus de citron
1 c. s. d'huile d'olive
2 citrons
2 c. s. de sucre glace

Appuyez fermement sur le bréchet pour aplatir le poulet.

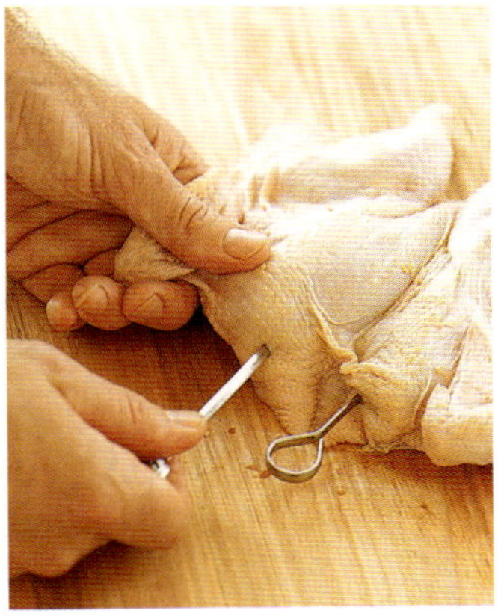

Insérez les brochettes du blanc jusqu'à la cuisse.

Avec de bons ciseaux de cuisine, coupez les poulets de part et d'autre de la colonne vertébrale et jetez cette dernière. Posez les poulets sur une planche, la peau vers le haut, et pressez sur la cage thoracique avec la paume de la main pour les aplatir. Pratiquez de profondes incisions en diagonale sur les blancs et les cuisses. Piquez dans chaque poulet deux brochettes partant chacune du haut d'un filet jusqu'à la base de la cuisse.

Pilez le safran et le sel dans un mortier. Ajoutez l'ail et réduisez-le en pâte. Incorporez le paprika, le poivre de Cayenne, le cumin, le poivre noir, le jus de citron et l'huile d'olive. Badigeonnez les poulets de ce mélange en le faisant pénétrer dans les incisions. Couvrez et laissez mariner au moins 2 heures au réfrigérateur. Sortez les poulets 1 heure avant la cuisson pour qu'ils soient à température ambiante.

Préparez le barbecue et posez les poulets sur la grille, la peau vers le haut. Faites-les griller 20 minutes en les retournant souvent et en les badigeonnant régulièrement de leur marinade. Quand ils sont cuits, présentez-les sur un grand plat de service, couvrez-les d'une feuille de papier alu et laissez-les reposer 5 minutes avant de les couper en deux.

Coupez les citrons en quatre et retirez les pépins. Tamisez le sucre glace sur une assiette. Appliquez la pulpe des citrons sur le sucre et posez les quartiers sur la plaque du barbecue. Faites-les dorer brièvement. Servez le poulet avec ces quartiers de citron.

Agneau vapeur au cumin .... Pour 4 personnes

VOICI UN PLAT SIMPLE MAIS PARFUMÉ. PRÉSENTÉ AU CENTRE DE LA TABLE, ON LE DÉGUSTE AU TRADITIONNELLEMENT AVEC LES DOIGTS, CHAQUE CONVIVE DÉTACHANT À LA MAIN UN PEU DE VIANDE. VOUS POUVEZ SERVIR CETTE ÉPAULE D'AGNEAU AVEC UNE SALADE DE BETTERAVES AU CUMIN (P. 41) ET DES POMMES DE TERRE À L'EAU.

1 épaule d'agneau de 1,25 kg
2 c. c. de cumin moulu
1 c. c. de sel
1/2 c. c. de poivre noir du moulin
1 pincée de stigmates de safran
6 gousses d'ail légèrement écrasées
10 à 12 brins de persil
1 c. s. d'huile d'olive
du cumin moulu et du sel pour accompagner

Dégraissez légèrement l'épaule d'agneau. Pratiquez des petites incisions dans la viande sur les deux faces.

Mélangez le cumin, le gros sel, le poivre et le safran. Frottez-en l'agneau en faisant pénétrer le mélange dans les incisions. Couvrez et laissez reposer 30 minutes pour que les épices parfument la viande. Posez l'épaule sur une étamine, répartissez dessus la moitié des gousses d'ail et nouez l'étamine.

Remplissez aux trois quarts d'eau une grande casserole sur laquelle vous adapterez un panier vapeur ou la marmite d'un couscoussier. La base du récipient doit se trouver à 3 cm du niveau de l'eau. Couvrez et portez l'eau à ébullition. Tapissez le fond du panier de persil avant d'ajouter les gousses d'ail restantes. Posez l'épaule dessus, pliez du papier d'aluminium sur le bord du panier vapeur ou du couscoussier pour que le couvercle ferme hermétiquement : aucune vapeur ne doit s'en échapper. Laissez cuire 2 h 30 à petit frémissement (l'eau ne doit pas bouillir) sans soulever le couvercle pendant au moins 1 h 30. Ensuite, vous pouvez de temps en temps piquer la viande pour vous assurer de son degré de cuisson. Quand elle est à point, elle doit se détacher facilement de l'os. Sortez-la du panier et retirez l'étamine.

Faites chauffer l'huile dans une grande poêle pour y faire dorer rapidement l'épaule d'agneau sur toutes ses faces avant de la servir. Proposez le mélange de sel et de cumin dans de petits bols.

Frottez l'épaule d'agneau avec le mélange d'épices.

Posez l'épaule d'agneau sur une étamine et nouez cette dernière.

Autour de la chermoula

CE MÉLANGE D'HERBES AROMATIQUES ET D'ÉPICES SE MARIE PARTICULIÈREMENT BIEN AVEC LE POISSON ET LES FRUITS DE MER. VOUS POUVEZ CONSERVER LA CHERMOULA TROIS JOURS AU RÉFRIGÉRATEUR, DANS UN BOCAL HERMÉTIQUE. NE LAISSEZ PAS LES POISSONS ET FRUITS DE MER MARINER TROP LONGTEMPS DANS CE MÉLANGE CAR L'ACIDITÉ DU CITRON VA « CUIRE » LEUR CHAIR.

Crevettes à la chermoula

Décortiquez 1 kg de grosses crevettes en gardant la queue. Mettez-les dans un plat, saupoudrez-les avec 1/2 c. c. de sel, retournez-les et laissez-les reposer. Pour la chermoula, coupez en morceaux le zeste de 1/2 citron confit et mixez-le avec 2 gousses d'ail hachées, 3 c. s. de persil plat, 3 c. s. de coriandre fraîche, 2 c. s. de jus de citron, 1 pincée de safran, 1 1/2 c. c. de paprika, 1/2 c. c. de cumin moulu et 1 pincée de poivre de Cayenne. Sans cesser de mixer, versez progressivement 60 ml d'huile d'olive. Faites chauffer 2 c. s. d'huile d'olive dans une poêle pour y faire revenir à feu vif les crevettes. Quand elles commencent à rosir, baissez le feu, ajoutez la chermoula et laissez cuire encore 3 minutes en remuant sans cesse. Servez bien chaud avec des quartiers de citron et du riz au safran (page 135). Pour 4 personnes.

Crevettes aux épices

Préparez les crevettes comme il est indiqué dans la recette précédente. Faites chauffer 60 ml d'huile d'olive dans une grande poêle pour y faire revenir 1/2 c. c. de cumin moulu, 1/2 c. c. de graines de cumin, 1 c. c. de gingembre moulu et 2 c. c. de piment rouge haché. Quand le mélange embaume, ajoutez 3 gousses d'ail pilées, 1/2 c. c. de curcuma moulu et 1 c. c. de paprika. Laissez cuire quelques secondes en remuant avant d'incorporer les crevettes. Faites-les cuire 3 à 4 minutes à feu vif, en les retournant régulièrement, puis ajoutez 2 c. s. de coriandre fraîche ciselée et 60 ml d'eau. Dès que le mélange commence à bouillir, retirez la poêle du feu. Servez aussitôt avec des quartiers de citron. Pour 4 personnes en hors-d'œuvre.

Brochettes de thon à la chermoula

Détaillez 800 g de thon en cubes de 3 cm. Mettez ces derniers dans un plat creux. Mélangez dans un bol 2 c. s. d'huile d'olive, 1/2 c. c. de cumin moulu et 2 c. c. de zeste de citron râpé. Versez sur le thon et remuez. Couvrez et laissez mariner 10 minutes. Pour la chermoula, faites chauffer dans une poêle 1/2 c. c. de coriandre moulue, 2 c. c. de cumin moulu, 1 c. c. de paprika et 1 pincée de poivre de Cayenne. Quand les épices embaument, transférez-les dans un récipient et mélangez-les avec 3 gousses d'ail pilées, 3 c. s. de persil ciselé, 3 c. s. de coriandre fraîche ciselée, 60 ml de jus de citron et 60 ml d'huile d'olive. Préparez huit brochettes avec les cubes de thon et faites-les cuire 2 minutes de chaque côté sur un gril en fonte ou au barbecue. Servez-les nappées de chermoula. Pour 4 personnes.

Crevettes à la chermoula

Soupe de poisson

Pour 6 personnes

LES RECETTES DE SOUPE DE POISSON SONT ASSEZ RARES AU MAROC OÙ LA PÊCHE EST POURTANT ABONDANTE ET VARIÉE. CELLE-CI EST TYPIQUE DE LA RÉGION DE TÉTOUAN, AU NORD DU PAYS, DONT LA CUISINE RESTE MARQUÉE PAR L'INFLUENCE ESPAGNOLE.

2 poivrons rouges
1 piment rouge long
2 c. s. d'huile d'olive
1 oignon finement haché
1 c. s. de concentré de tomates
2 à 3 c. c. de harissa
4 gousses d'ail finement hachées
2 c. c. de cumin moulu
750 ml de fumet de poisson
400 g de tomates concassées en conserve
750 g de poisson blanc à chair ferme
(julienne ou congre) coupé en cubes de 2 cm
2 feuilles de laurier
2 c. s. de coriandre ciselée
sel et poivre du moulin

Coupez les poivrons en quatre et le piment en deux ; épépinez-les. Faites griller les poivrons et le piment au four jusqu'à ce que la peau noircisse puis mettez-les quelques minutes dans un sac alimentaire avant de les peler. Détaillez-les en fines lanières.

Faites chauffer l'huile dans un grand faitout pour y faire fondre l'oignon 5 minutes. Ajoutez le concentré de tomates, la harissa, l'ail, le cumin et 125 ml d'eau puis, dans un second temps, le fumet de poisson, les tomates concassées et à nouveau 500 ml d'eau. Quand le mélange commence à bouillir, baissez le feu pour ajouter le poisson et le laurier. Laissez mijoter 7 à 8 minutes.

Sortez le poisson avec une écumoire ; jetez les feuilles de laurier. Quand la soupe a tiédi, incorporez la moitié de la coriandre et mixez pour obtenir une soupe lisse. Salez et poivrez. Remettez le poisson dans le faitout avec les poivrons et le piment ; laissez mijoter 5 minutes à feu doux. Parsemez la soupe du reste de coriandre.

Utilisé au Moyen-Orient depuis l'Antiquité, le cumin a été introduit au Maroc par les Arabes. Son usage est très courant dans la cuisine locale où il parfume aussi bien les tajines que les soupes ou les viandes. En règle générale, les Marocains préfèrent les graines de cumin fraîchement moulues, qui développent un arôme puissant. Choisissez de préférence un cumin foncé, de teinte brun-vert. S'il offre une nuance plus claire, mélangez-le avec des graines de coriandre avant de le moudre.

Boulettes de poisson .... Pour 4 personnes

CETTE RECETTE EST TYPIQUE DE LA CUISINE JUIVE MAROCAINE. IMPORTÉ D'ESPAGNE, LE SAFRAN A LONGTEMPS ÉTÉ RÉCOLTÉ PAR LES JUIFS AU MAROC. CES BOULETTES DE POISSON COMPTENT PARMI LES PLATS TRADITIONNELS DE CETTE COMMUNAUTÉ.

500 g de filets de poisson blanc sans arêtes

1 œuf

2 oignons de printemps hachés

1 c. s. de persil plat ciselé

1 c. s. de coriandre ciselée

50 g de chapelure fraîche

1 pincée de stigmates de safran

3/4 c. c. de sel

poivre noir du moulin

Sauce tomate

500 g de tomates

1 oignon grossièrement râpé

60 ml d'huile d'olive

2 gousses d'ail finement hachées

1 c. c. de paprika

1/2 c. c. de harissa

1/2 c. c. de cumin moulu

1 c. c. de sucre

sel et poivre du moulin

Formez des boulettes de la taille d'une noix.

Pelez les tomates en partant de l'incision en croix.

Coupez les filets de poisson en morceaux avant de les mixer avec l'œuf, l'oignon, le persil, la coriandre, la chapelure, le safran infusé dans 1 c. s. d'eau chaude, le sel et le poivre. Vous devez obtenir une préparation homogène.

Mouillez légèrement vos mains puis façonnez des boulettes de poisson de la taille d'une noix. Mettez-les sur une plaque, couvrez-les et laissez-les raffermir au frais.

Pour la sauce, incisez en croix la base des tomates avec la pointe d'un couteau. Faites-les tremper 20 secondes dans une casserole d'eau bouillante puis rafraîchissez-les dans l'eau froide. La peau doit s'enlever facilement en partant de l'incision. Coupez les tomates en deux et épépinez-les. Détaillez-les en dés.

Mettez les oignons et l'huile dans une casserole et laissez cuire 5 minutes à feu moyen. Ajoutez l'ail, le paprika, la harissa et le cumin. Remuez quelques secondes avant d'incorporer les tomates, le sucre et 250 ml d'eau. Salez et poivrez. Portez à ébullition puis laissez mijoter 15 minutes à couvert.

Ajoutez les boulettes de poisson dans la casserole en les nappant délicatement de sauce. Attendez la reprise d'un léger frémissement puis baissez le feu. Laissez mijoter 20 minutes à feu très doux. Servez sans attendre.

Autour du pois chiche

Le pois chiche est un aliment de base du pourtour méditerranéen depuis les temps les plus reculés. Au Maroc, les plats ne comportent souvent qu'une faible quantité de viande et les pois chiches permettent à la fois de leur donner plus de consistance et de les enrichir en protéines. En règle générale on épluche les pois chiches destinés aux tajines, mais on garde la petite peau blanche pour les soupes. C'est également le cas pour ceux que l'on peut acheter dans la rue et qui sont présentés dans des cornets en papier.

Salade chaude de pois chiches

Achetez 225 g de pois chiches secs ou 2 boîtes de 425 g de pois chiches cuits. Faites tremper les pois chiches secs 12 heures dans l'eau froide puis égouttez-les, mettez-les dans une casserole, couvrez-les d'eau et laissez frémir au moins 1 heure. Salez en fin de cuisson. Égouttez-les et réservez 250 ml d'eau de cuisson. Faites de même si vous avez acheté des pois chiches en boîte. Faites chauffer 2 c. s. d'huile d'olive dans une casserole pour y faire dorer 1 oignon finement émincé. Ajoutez 1 petit poivron vert en fines lanières, 1 c. c. de cumin moulu et 2 c. s. de coriandre ciselée. Laissez cuire quelques secondes. Ajoutez les pois chiches et le jus de cuisson réservé. Poivrez. Laissez ensuite frémir jusqu'à ce que les pois soient chauds. Rectifiez l'assaisonnement au besoin et servez cette salade chaude dans des bols. Pour 4 à 6 personnes.

Tajine de pois chiches

Versez 60 ml d'huile d'olive dans une sauteuse pour y faire revenir 7 à 8 minutes 1 oignon émincé. Ajoutez 1 gousse d'ail hachée, 1 c. c. de harissa, $^1/_2$ c. c. de paprika, 1 pincée de gingembre moulu, $^1/_2$ c. c. de curcuma moulu, 1 c. c. de cumin moulu et 1 c. c. de cannelle moulue. Laissez cuire 2 minutes à feu doux. Ajoutez 400 g de tomates concassées en conserve et 1 c. c. de sucre. Salez et poivrez. Couvrez et laissez mijoter 20 minutes. Pendant ce temps, égouttez 2 boîtes de pois chiches de 425 g, mettez-les dans un saladier et couvrez-les d'eau froide. Frottez les pois chiches entre vos doigts pour détacher la peau. Faites couler de l'eau dans le saladier, remuez et laissez remonter les peaux à la surface ; retirez-les à l'aide d'une écumoire. Répétez l'opération autant de fois que nécessaire. Égouttez à nouveau les pois chiches et ajoutez-les à la sauce tomate. Couvrez et laissez mijoter 20 à 25 minutes en ajoutant un peu d'eau si nécessaire. Au moment de servir, incorporez 3 c. s. de persil plat et 2 c. s. de coriandre fraîche. Servez avec du pain ou du couscous. Pour 4 personnes.

Soupe de pois chiches au safran

Versez 2 c. s. d'huile d'olive dans une sauteuse pour y faire revenir 1 oignon émincé 5 minutes à feu doux. Ajoutez 1 gousse d'ail pilée, 1 pincée de gingembre moulu, 1 pincée de curcuma moulu et un peu de poivre. Laissez chauffer quelques secondes avant de mouiller le mélange avec 1 litre de bouillon de volaille ou de légumes. Incorporez alors 1 pincée de safran, 1 c. s. de concentré de tomates et 3 c. s. de persil plat ciselé. Égouttez une boîte de pois chiches de 425 g et versez ces derniers dans la sauteuse. Portez à ébullition, couvrez et laissez mijoter 40 minutes à feu doux. Salez et poivrez. Servez très chaud. Pour 4 personnes.

Salade chaude de pois chiches

Tajine de lentilles et potiron

Pour 4 à 6 personnes

IL EXISTE PEU DE RECETTES COMPLÈTEMENT VÉGÉTARIENNES DANS LA CUISINE MAROCAINE. EN VOICI UNE, TOUT À FAIT NOURRISSANTE. LA SAVEUR DES LENTILLES SE MARIE HEUREUSEMENT AVEC LA DOUCEUR DU POTIRON ET LES PARFUMS DES HERBES ET ÉPICES TRADITIONNELLES.

275 g de lentilles brunes
2 tomates
600 g de potiron
60 ml d'huile d'olive
1 oignon finement haché
3 gousses d'ail finement hachées
1/2 c. c. de cumin moulu
1/2 c. c. de curcuma moulu
1 c. c. de harissa
1 c. c. de paprika
3 c. c. de concentré de tomates
1/2 c. c. de sucre
1 c. s. de persil plat ciselé
2 c. s. de coriandre ciselée
1 c. c. de sel
poivre noir du moulin

Rincez les lentilles puis mettez-les dans une casserole avec 1 litre d'eau froide. Portez à ébullition puis couvrez et laissez mijoter 20 minutes à feu doux.

Coupez les tomates en deux et épépinez-les. Râpez-les jusqu'à la peau (voir p. 55) et jetez celle-ci. Pelez le potiron, retirez les pépins et coupez la chair en cubes de 3 cm.

Faites chauffer l'huile dans une sauteuse pour y faire fondre l'oignon à feu doux. Ajoutez l'ail et laissez cuire quelques secondes puis incorporez le cumin, le curcuma et la harissa. Laissez chauffer 30 secondes en remuant sans cesse avant d'incorporer la pulpe de tomate, le paprika, le concentré de tomates, le sucre et enfin la moitié du persil et de la coriandre. Salez et poivrez puis ajoutez les lentilles égouttées et le potiron. Couvrez et laissez mijoter 20 minutes, jusqu'à ce que les légumes soient tendres. Retirez le mélange du feu pour ajouter le reste de persil et de coriandre. Servez chaud ou tiède.

Le gros potiron orange à chair fibreuse est souvent méprisé alors qu'il est parfait en soupe ou en purée. Préférez les plus petits, dont la chair est plus moelleuse. Il existe de nombreuses variétés de courges d'hiver qui peuvent être adaptées à des recettes comme celle-ci. Choisissez celles à chair orange et de taille raisonnable. Originaire d'Amérique du Nord, la courge butternut (de forme allongée) est très répandue en Europe mais n'hésitez pas à tester les variétés produites dans votre région.

Poulet k'dra aux pois chiches .... Pour 4 personnes

Le poulet k'dra est une spécialité berbère. Elle se prépare traditionnellement avec du smen, une sorte de beurre clarifié local, dans lequel on fait revenir beaucoup d'oignons et d'herbes (voir p. 187). Nous avons remplacé ici le smen par du beurre doux et réduit les quantités...

60 g de beurre doux
3 oignons émincés
1/2 c. c. de gingembre moulu
1/2 c. c. de poivre noir du moulin
1 poulet de 1,5 kg coupé en morceaux
1/4 c. c. de safran
1 bâton de cannelle
1 c. c. de sel
900 g de pois chiches en conserve
3 c. s. de persil plat finement ciselé
des quartiers de citron pour accompagner

Faites fondre le beurre dans une sauteuse. Faites-y revenir un tiers des oignons pendant 5 minutes puis ajoutez le gingembre, le poivre et les découpes de poulet. Laissez chauffer 2 à 3 minutes sans faire dorer la viande. Incorporez le reste des oignons, environ 300 ml d'eau, le safran, la cannelle et le sel. Portez doucement à ébullition puis baissez le feu, couvrez et laissez mijoter 45 minutes à feu doux.

Égouttez les pois chiches, mettez-les dans un saladier et couvrez-les d'eau. Frottez-les entre vos mains pour détacher la peau. Faites couler de l'eau dans le saladier et remuez pour faire remonter les peaux à la surface. Retirez-les à l'aide d'une écumoire. Répétez l'opération jusqu'à élimination complète des peaux. Égouttez à nouveau les pois chiches et ajoutez-les dans la sauteuse avec le persil. Remuez délicatement, couvrez et laissez mijoter encore 15 minutes, jusqu'à ce que le poulet soit tendre.

Inclinez la sauteuse pour retirer à la cuillère la graisse remontée à la surface et versez-la dans une poêle. Sortez le poulet de la sauteuse. Faites chauffer la graisse récupérée pour y faire dorer les morceaux de poulet à feu vif. Pendant ce temps, portez la sauce à ébullition pour la faire réduire légèrement. Servez le poulet avec la sauce aux pois chiches et des quartiers de citron.

Mettez les pois chiches dans un saladier et couvrez-les d'eau froide.

Retirez avec une écumoire les peaux remontées à la surface.

Tajine d'agneau à la confiture de tomates

Pour 4 à 6 personnes

La confiture de tomates est généralement servie en hors-d'œuvre avec du pain, mais elle forme avec l'agneau un tajine merveilleusement parfumé, aux arômes de cannelle et de miel. Pour cette recette choisissez des tomates fraîches bien mûres.

2 c. s. d'huile d'olive

1 épaule d'agneau dégraissée et coupée en cubes de 3 cm

2 oignons grossièrement râpés

1,5 kg de tomates bien mûres coupées en deux

2 gousses d'ail finement hachées

1 c. c. de gingembre moulu

1/4 c. c. de poivre noir du moulin

1 bâton de cannelle

60 g de concentré de tomates

1 pincée de stigmates de safran

sel et poivre du moulin

30 g de beurre

40 g d'amandes blanchies

2 c. s. de miel

1 1/2 c. c. de cannelle moulue

Faites chauffer la moitié de l'huile dans une sauteuse pour y faire dorer la viande en plusieurs fois. Sortez-la de la sauteuse et gardez-la au chaud. Baissez le feu, versez le reste d'huile dans la sauteuse et faites-y revenir les oignons 10 minutes à feu doux, en remuant à plusieurs reprises.

Pressez les moitiés de tomates pour les épépiner puis râpez-les jusqu'à la peau (voir p. 55). Jetez cette dernière. Ajoutez l'ail, le gingembre, le poivre et la cannelle dans la sauteuse et laissez cuire 1 minute. Versez le concentré de tomates et le safran ; continuez la cuisson 1 minute. Remettez l'agneau dans la sauteuse, incorporez la chair des tomates, salez et poivrez. Couvrez et laissez mijoter 1 h 15 à feu doux. Découvrez partiellement et laissez mijoter encore 15 minutes puis retirez complètement le couvercle. Faites épaissir la sauce encore 25 minutes en remuant régulièrement. Elle doit avoir la consistance d'une confiture.

Faites fondre le beurre dans une petite poêle pour y faire dorer les amandes à feu moyen. Incorporez le miel et la cannelle dans le tajine et laissez mijoter 2 minutes. Servez le tajine parsemé d'amandes.

L'écorce du cannelier est prélevée en fin copeaux puis séchée. Elle s'enroule alors en tuyaux. Il ne faut pas la confondre avec la casse, ou fausse cannelle, dont le goût est plus âcre et plus musqué et dont la couleur tire sur le brun-rouge. La cannelle moulue contient souvent une proportion variable de casse. Ces deux épices, moulues ou en batôns, parfument aussi bien des plats salés que sucrés.

Autour du pruneau

Le pruneau est la version séchée de diverses variétés de prunes de Damas. Il remplace souvent la datte dans les tajines de viande aux fruits mais il est de plus en plus utilisé pour ses qualités propres : sa saveur légèrement acide et très parfumée se marie avec toutes les épices. Il n'est désormais plus nécessaire de faire tremper les pruneaux avant de les accommoder car ceux que l'on trouve dans le commerce sont très moelleux. Le dénoyautage est une tache aisée, même si les doigts en restent un peu collants, mais l'on peut se procurer des pruneaux déjà dénoyautés.

Tajine de souris d'agneau aux pruneaux

Faites chauffer à feu vif 1 c. s. d'huile et 30 g de beurre dans une poêle et ajoutez-y 4 belles souris d'agneau. Faites-les revenir de tous côtés puis réservez-les au chaud. Réduisez un peu le feu et faites revenir 5 minutes dans la poêle 1 oignon haché. Ajoutez $^{1}/_{4}$ c. c. de safran, $^{1}/_{2}$ c. c. de gingembre moulu, 2 bâtons de cannelle et 4 brins de coriandre liés en bouquet. Salez et poivrez. Remuez bien puis remettez les souris d'agneau dans la poêle. Couvrez et laissez mijoter 1 heure à feu doux, en ajoutant un peu d'eau si la viande attache. Prélevez le zeste d'un demi-citron et détaillez-le en bandes larges. Ajoutez-le dans la sauteuse et laissez cuire encore 30 minutes. Incorporez 300 g de pruneaux dénoyautés et 2 c. s. de miel, couvrez et laissez encore 30 minutes sur le feu, jusqu'à ce que la viande soit très tendre. Dressez-la sur un plat de service avec sa sauce (jetez le bouquet de coriandre), décorez avec 1 c. s. de graines de sésame grillées et servez sans attendre. Pour 4 personnes.

Poulet aux pruneaux et aux épices

Faites fondre 30 g de beurre dans une sauteuse. Ajoutez 1 $^{1}/_{2}$ c. c. de ras-el-hanout (mélange d'épices marocain en vente dans les épiceries fines) et mélangez 30 secondes à feu doux. Augmentez légèrement le feu puis faites dorer dans la sauteuse 4 blancs de poulet, 1 minute de chaque côté. Sortez la viande de la sauteuse et faites revenir à la place pendant 5 minutes 1 oignon émincé. Mouillez avec 250 ml de bouillon de volaille puis ajoutez 150 g de pruneaux dénoyautés, 3 c. c. de miel, 3 c. c. de jus de citron et 3 c. c. d'eau de rose. Couvrez et laissez mijoter 10 minutes. Remettez le poulet dans la sauteuse, couvrez et laissez mijoter à nouveau 15 minutes à feu doux. Émincez les blancs de poulet en biseau, présentez-les sur un plat et nappez-les de sauce aux pruneaux. Accompagnez de couscous (p. 140). Pour 4 personnes.

Légumes rôtis aux pruneaux

Mélangez dans un grand plat à rôtir 60 ml d'huile, 2 oignons rouges coupés en quatre, 3 gousses d'ail dans leur peau et 2 carottes émincées. Faites cuire 15 minutes dans le four préchauffé à 200 °C. Pelez et détaillez en gros cubes 450 g de potiron et 450 g de patate douce. Mettez-les dans le plat avec 1 $^{1}/_{2}$ c. c. de ras-el-hanout (cf. ci-dessus) et 1 piment rouge épépiné et émincé. Salez et poivrez. Laissez rôtir encore 30 minutes puis mouillez avec 375 ml de bouillon de volaille ou de légumes. Ajoutez 200 g de pruneaux dénoyautés et 1 c. s. de miel puis laissez cuire à nouveau 30 minutes. Servez les légumes avec du couscous (p. 140) ou pour accompagner une viande. Pour 4 personnes.

Tajine de souris d'agneau aux pruneaux

Tajine de bœuf aux patates douces

. . Pour 4 à 6 personnes

Préférez les patates douces à chair orangée car elles ont une saveur légèrement sucrée et ne se défont pas à la cuisson. Terminez cette recette en faisant dorer le tajine quelques minutes au four.

1 kg de bœuf (paleron ou macreuse)
60 ml d'huile d'olive
1 oignon finement haché
1/2 c. c. de poivre de Cayenne
1/2 c. c. de cumin moulu
1 c. c. de curcuma moulu
1/2 c. c. de gingembre moulu
2 c. c. de paprika
1 c. c. de sel
2 c. s. de persil plat ciselé
2 c. s. de coriandre ciselée
2 tomates
500 g de patates douces à chair orangée

Dégraissez la viande et coupez-la en cubes de 2,5 cm. Faites chauffer la moitié de l'huile dans une cocotte et faites-y revenir le bœuf à feu vif en plusieurs fois ; ajoutez de l'huile au besoin. Réservez au chaud.

Réduisez le feu, versez le reste d'huile et faites fondre l'oignon 10 minutes à feu doux. Ajoutez le poivre de Cayenne, le cumin, le curcuma, le gingembre et le paprika ; laissez chauffer quelques secondes avant de saler et de poivrer généreusement. Remettez le bœuf dans la cocotte avec le persil et la coriandre. Couvrez et laissez mijoter 1 h 30 à feu doux en mouillant avec un peu d'eau si la viande attache.

Pour peler les tomates, incisez en croix la base de chaque fruit avec la pointe d'un couteau. Faites-les tremper 20 secondes dans une casserole d'eau bouillante, puis rafraîchissez-les dans l'eau froide. La peau doit s'enlever facilement en partant de l'incision. Coupez les tomates en tranches. Pelez les patates douces, détaillez-les en cubes de 2 cm et laissez-les dans l'eau froide jusqu'au moment de les faire cuire. Préchauffez le four à 180 °C.

Transférez la viande avec son jus de cuisson dans un plat à rôtir (idéalement la base d'un tajine). Égouttez les patates douces et répartissez-les sur le bœuf. Disposez les tranches de tomate sur le dessus. Couvrez, enfournez et laissez cuire 40 minutes. Réglez le thermostat en position gril, retirez le couvercle du plat à tajine et montez ce dernier le plus près possible des résistances pour faire légèrement caraméliser les tomates. Servez dans le même plat.

Pelez les tomates avant de les couper en tranches.

Pelez les patates douces et détaillez-les en cubes.

Tajine d'agneau aux petits pois et citron . . . Pour 4 à 6 personnes

LE CITRON CONFIT REHAUSSE LA SAVEUR DE CE PLAT. PRÉPAREZ DE PRÉFÉRENCE CE TAJINE AU PRINTEMPS, AVEC DES PETITS POIS FRAIS ET TENDRES. À DÉFAUT, VOUS POURREZ UTILISER DES PETITS POIS SURGELÉS MAIS LE RÉSULTAT SERA MOINS SATISFAISANT.

1 kg d'épaule d'agneau désossée
2 c. s. d'huile d'olive
1 oignon finement haché
2 gousses d'ail finement hachées
1 c. c. de cumin moulu
1/2 c. c. de gingembre moulu
1/2 c. c. de curcuma moulu
sel et poivre noir du moulin
3 c. s. de coriandre ciselée
3 c. s. de persil plat ciselé
2 c. c. de thym-citron ciselé
1 1/2 citron confit
240 g de petits pois écossés
2 c. c. de menthe ciselée
1/2 c. c. de sucre

Dégraissez l'agneau et détaillez-le en cubes de 3 cm. Faites chauffer l'huile dans une sauteuse pour y faire revenir la viande à feu vif. Procédez en plusieurs fois en ajoutant un peu d'huile si nécessaire. Réservez la viande au chaud entre deux assiettes.

Faites revenir l'oignon 5 minutes à feu doux dans la même sauteuse. Ajoutez l'ail, le cumin, le gingembre et le curcuma. Laissez cuire quelques secondes avant de mouiller avec 100 ml d'eau en remuant bien pour gratter les sucs de cuisson au fond de la sauteuse. Remettez l'agneau dans la sauteuse, salez et poivrez généreusement. Ajoutez la coriandre, le persil et le thym, couvrez et laissez mijoter 1 h 30, jusqu'à ce que l'agneau soit tendre.

Coupez les citrons confits en quartiers, retirez la pulpe et détaillez l'écorce en fines lanières. Mettez ces dernières dans la sauteuse avec les petits pois, la menthe et le sucre. Ramenez à un léger frémissement, couvrez et laissez mijoter encore 10 minutes, jusqu'à ce que les petits pois soient tendres. Servez très chaud.

Ingrédient essentiel de la cuisine marocaine, la coriandre porte aussi le nom de persil arabe ou chinois. Elle présente des feuilles découpées à la saveur relevée et légèrement astringente. Elle est originaire du Moyen-Orient et d'Europe méridionale et on la retrouve dans la cuisine de ces régions depuis des millénaires. Elle était très prisée des Grecs et des Romains et a sans doute été introduite au Maghreb pendant l'Antiquité. Les graines séchées sont moulues et employées comme épice, alliant une saveur de sauge à une pointe citronnée. Elles entrent dans la composition du ras-el-hanout. La coriandre fraîche est aussi très employée dans la cuisine marocaine.

Tajine kefta

Pour 4 personnes

POUR UNE DÉGUSTATION À LA MAROCAINE, CE TAJINE EST PRÉSENTÉ SUR LA TABLE DANS SON PLAT DE CUISSON CHAQUE CONVIVE RECUEILLE SA PART D'ŒUF AVEC DU PAIN QUI SERT ÉGALEMENT À DÉGUSTER LA SAUCE PARFUMÉE.

700 g de viande d'agneau hachée
1 oignon finement haché
2 gousses d'ail finement hachées
2 c. s. de persil plat ciselé
2 c. s. de coriandre ciselée
1/2 c. c. de poivre de Cayenne
1/2 c. c. de gingembre moulu
1 c. c. de cumin moulu
1 c. c. de paprika
sel et poivre noir du moulin
2 c. s. d'huile d'olive

Sauce

2 c. s. d'huile d'olive
1 oignon finement haché
2 gousses d'ail finement hachées
2 c. c. de cumin moulu
1/2 c. c. de cannelle moulue
1 c. c. de paprika
800 g de tomates concassées en conserve
2 c. c. de harissa
4 c. s. de coriandre ciselée
4 œufs

Mixez la viande hachée avec l'oignon, l'ail, le persil, la coriandre et les épices. Salez et poivrez. Façonnez des boulettes de la valeur d'une cuillerée à soupe.

Faites chauffer l'huile dans une grande sauteuse pour y faire dorer les boulettes 8 à 10 minutes. Procédez en plusieurs fois puis réservez les boulettes au chaud. Essuyez la sauteuse avec du papier absorbant.

Pour la sauce, faites chauffer l'huile dans la sauteuse et faites fondre l'oignon 5 minutes à feu moyen. Ajoutez l'ail, le cumin, la cannelle et le paprika. Laissez cuire 1 minute, jusqu'à ce que les épices embaument. Incorporez la tomate et la harissa. Portez à ébullition puis baissez le feu et laissez mijoter 20 minutes.

Remettez les boulettes dans la sauteuse et laissez mijoter encore 10 minutes. Quand elles sont bien cuites, incorporez la coriandre puis cassez délicatement les œufs sur la sauce. Laissez-les cuire jusqu'à ce que le blanc soit pris. Vous pouvez aussi transférer le contenu de la sauteuse dans un plat allant au four, casser les œufs dessus puis les faire cuire environ 8 minutes dans le four à 200 °C. Salez et poivrez. Servez avec du pain pour saucer le jus.

Roulez la viande en boulettes de la valeur d'une cuillerée à soupe.

Cassez délicatement les œufs dans la sauce frémissante.

Autour du potiron

Le potiron que l'on trouve au Maroc (ghaâ hmra) est rond avec une peau orange, une chair ferme et sucrée. La courge butternut le remplace agréablement ainsi que toutes les courges d'hiver, pourvu que la chair soit ferme, douce et orangée. Le potiron est employé dans les tajines de légumes, en salade chaude ou en hors-d'œuvre. Il est aussi très souvent incorporé aux ragoûts qui accompagnent le couscous.

Tajine de potiron et patates douces

Pelez et détaillez en cubes 600 g de potiron et 500 g de patates douces à chair orangée. Faites fondre 60 g de beurre dans un faitout pour y faire revenir à feu doux 1 gros oignon haché. Ajoutez 2 gousses d'ail pilées, 1 c. c. de gingembre moulu, 1 c. c. de curcuma moulu, 1 bâton de cannelle et 1 pincée de poivre de Cayenne. Toujours à feu doux, remuez 1 à 2 minutes. Mouillez avec un peu de bouillon de volaille ou de légumes. Parfumez avec 1 pincée de safran puis augmentez légèrement le feu pour porter le mélange à ébullition. Ajoutez le potiron, les patates douces, 60 g de raisins secs et 1 c. s. de miel. Salez et poivrez. Couvrez et laissez mijoter encore 15 minutes, jusqu'à ce que les légumes soient tendres. Servez avec du couscous (p. 140). Pour 4 à 6 personnes.

Salade tiède de potiron au citron confit

Pelez et détaillez 1 kg de potiron en cubes de 2 cm. Retirez la pulpe d'un citron confit puis coupez le zeste en fines lanières. Faites chauffer 60 ml d'huile d'olive dans une sauteuse pour y faire revenir 3 minutes à feu doux 1 oignon râpé. Incorporez 1 c. c. de gingembre moulu, 1 c. c. de cumin moulu et 1 c. c. de paprika puis laissez chauffer 30 secondes. Ajoutez le potiron, 2 c. s. de persil plat ciselé, 2 c. s. de coriandre ciselée, 1 c. s. de jus de citron, le zeste émincé et 125 ml d'eau. Salez et poivrez. Couvrez et laissez mijoter 20 minutes à feu doux, jusqu'à ce que les légumes soient tendres. Remuez de temps à autre avec une cuillère en bois en ajoutant un peu d'eau si besoin. Servez tiède en hors-d'œuvre ou chaud en accompagnement. Pour 4 personnes.

Potiron rôti à l'orange et aux épices

Pelez et détaillez 1 kg de potiron en cubes de 2 cm. Mettez 2 c. s. d'huile d'olive dans un plat à rôtir, ajoutez le potiron et remuez. Mélangez le jus et le zeste râpé d'une orange puis versez le tout sur le potiron. Saupoudrez avec 1 ou 2 c. c. de ras-el-hanout (mélange d'épices marocain) et arrosez de 3 c. c. de miel liquide. Faites rôtir 45 minutes au four préchauffé à 200 °C, en remuant de temps à autre avec une spatule. Servez tiède en hors-d'œuvre ou chaud en accompagnement. Pour 4 personnes.

Tajine de potiron et patate douce

Tajine de keftas aux herbes et au citron . . Pour 4 personnes

DANS CETTE RECETTE, IL N'EST PAS NÉCESSAIRE DE FAIRE DORER LES BOULETTES DE VIANDE. LE MÉLANGE D'ÉPICES, DE PERSIL, DE CORIANDRE, DE PIMENT FRAIS ET DE CITRON COMPOSENT UNE SAUCE TRÈS SAVOUREUSE OÙ LES BOULETTES MIJOTENT EN S'IMPRÉGNANT DE TOUTES CES SAVEURS.

1/2 oignon grossièrement haché
2 c. s. de persil plat grossièrement ciselé
2 tranches de pain sans la croûte
1 œuf
500 g de viande d'agneau ou de bœuf hachée
1/2 c. c. de cumin moulu
1/2 c. c. de paprika
1/2 c. c. de poivre noir du moulin
1 c. c. de sel

Sauce aux herbes et au citron

1 c. s. d'huile ou de beurre
1/2 oignon finement haché
1/2 c. c. de paprika
1/2 c. c. de curcuma moulu
1/4 c. c. de cumin moulu
1 piment rouge épépiné et émincé
375 ml de bouillon de volaille
2 c. s. de coriandre ciselée
2 c. s. de persil plat ciselé
2 c. s. de jus de citron
1/2 citron confit

Mixez très finement l'oignon et le persil. Sans cesser de mixer, ajoutez le pain coupé en morceaux et l'œuf puis la viande hachée, le cumin, le paprika, le poivre et le sel ; vous devez obtenir une farce épaisse.

Humidifiez vos mains pour former avec cette farce des boulettes de la taille d'une noix. Posez-les sur une plaque, couvrez-les et gardez-les au frais.

Pour la sauce, faites chauffer le beurre ou l'huile dans une sauteuse et faites-y dorer l'oignon à feu doux. Ajoutez le paprika, le curcuma, le cumin et le piment. Laissez cuire 1 minute en remuant puis mouillez avec le bouillon de volaille. Incorporez la coriandre et portez à ébullition.

Répartissez les boulettes dans la sauteuse, couvrez et laissez mijoter 45 minutes. Ajoutez les trois quarts du persil et le jus de citron. Salez si nécessaire. Portez à ébullition puis laissez frémir 2 minutes. Détaillez le citron confit en fines lanières et mettez-le dans la sauteuse. Remuez puis présentez le tajine dans un plat de service. Décorez avec le reste du persil et servez aussitôt avec du pain.

Légumes farcis à l'agneau .... Pour 4 personnes

TOUS LES ÉTALS D'OLIVES SE RESSEMBLENT : LES VARIÉTÉS D'OLIVES VERTES À CÔTÉ DES OLIVES NOIRES ET UNE MAJORATION DU PRIX SUR LES OLIVES ACCOMPAGNÉES D'AUTRES INGRÉDIENTS. ALORS QU'IL EST SI SIMPLE DE LES PRÉPARER SOI-MÊME...

4 courgettes moyennes
2 petits poivrons
6 tomates
2 c. s. d'huile d'olive
1 oignon finement haché
2 gousses d'ail finement hachées
1/2 c. c. de gingembre moulu
1/2 c. c. de cannelle moulue
1/4 c. c. de poivre noir du moulin
500 g de viande d'agneau hachée
2 c. s. de persil plat ciselé
1 c. s. de coriandre ciselée
2 c. c. de menthe ciselée
55 g de riz rond

Sauce tomate

1 grosse tomate
1 c. s. d'huile d'olive
1 oignon grossièrement râpé
1 gousse d'ail finement hachée
1/2 c. c. de paprika
1/4 c. c. de gingembre moulu
2 c. s. de concentré de tomates
1 c. c. de sucre
1 c. s. de jus de citron

Évidez les courgettes en laissant 1 cm de chair.

Farcissez les légumes sans trop tasser la viande.

Coupez les courgettes en deux dans la longueur, évidez le centre en laissant 1 cm de chair. Coupez les poivrons en deux dans la longueur, retirez les graines et la membrane blanche. Coupez le haut de 4 tomates et réservez les chapeaux. Évidez les tomates, récupérez le jus et passez-le dans un tamis au-dessus d'un saladier pour éliminer les pépins. Pelez les 2 tomates restantes : incisez en croix la base de chaque fruit avec la pointe d'un couteau, faites-les tremper 20 secondes dans une casserole d'eau bouillante, puis rafraîchissez-les dans l'eau froide. La peau doit s'enlever facilement en partant de l'incision. Coupez-les en tranches fines et réservez-les.

Faites chauffer l'huile à feu moyen dans une poêle et faites fondre l'oignon 5 minutes. Incorporez l'ail, le gingembre, la cannelle et le poivre puis la viande hachée. Mouillez avec 250 ml d'eau. Ajoutez le persil, la coriandre, la menthe et le sel. Portez à ébullition puis couvrez et laissez mijoter 20 minutes à feu doux. Versez le riz, couvrez et poursuivez la cuisson 10 minutes, jusqu'à ce que le liquide soit presque totalement évaporé.

Pour la sauce tomate, pelez la tomate (voir ci-dessus), coupez-la en deux et retirez les pépins. Concassez la chair et mélangez-la dans un récipient avec les autres ingrédients et 125 ml d'eau. Salez et poivrez. Préchauffez le four à 180 °C.

Farcissez la base des courgettes et couvrez avec les moitiés restantes puis maintenez le tout en place avec des piques à cocktail. Garnissez les poivrons et recouvrez-les avec les tranches de tomate. Farcissez les tomates et replacez les chapeaux. Disposez les farcis dans un plat à rôtir et arrosez-les de sauce tomate. Couvrez d'un papier d'aluminium, enfournez et laissez cuire 50 minutes. Retirez le papier d'aluminium, arrosez de sauce et poursuivez la cuisson 10 minutes, jusqu'à ce que les légumes soient tendres. Retirez les piques en bois des courgettes avant de servir.

Tajine de poisson aux tomates et pommes de terre

Pour 4 personnes

POUR RÉUSSIR LA CUISSON DU POISSON DANS UN PLAT À TAJINE, TAPISSEZ LE FOND DE CELUI-CI DE BÂTONNETS DE CÉLERI OU DE CAROTTES POUR QUE LE POISSON N'ATTACHE PAS. LES POMMES DE TERRE, DANS CETTE RECETTE, REMPLISSENT LE MÊME RÔLE.

Chermoula

2 gousses d'ail grossièrement hachées
1/2 c. c. de sel
3 c. s. de persil plat ciselé
3 c. s. de coriandre ciselée
2 c. c. de paprika
2 c. c. de cumin moulu
1/4 c. c. de poivre de Cayenne
1 c. s. de jus de citron
2 c. s. d'huile d'olive

4 pavés de poisson blanc de 2 cm d'épaisseur (dorade, colin, bar)
500 g de pommes de terre
400 g de tomates
1 poivron vert
1 1/2 c. s. de concentré de tomates
1/2 c. c. de sel
1 c. c. de sucre
1 c. s. de jus de citron
2 c. s. d'huile d'olive
1 c. s. de persil plat ciselé
1 c. s. de coriandre ciselée

Ajoutez les herbes, les épices et le jus de citron dans le mortier.

Continuez de piler en versant l'huile sur la chermoula.

Pour la chermoula, pilez l'ail dans un mortier avec le sel. Ajoutez le persil, la coriandre, le paprika, le cumin, le poivre de Cayenne et le jus de citron. Continuez de piler jusqu'à obtention d'une pâte épaisse puis incorporez l'huile d'olive.

Étalez la moitié de la chermoula sur les pavés de poisson, des deux côtés. Mettez le poisson dans un plat, couvrez et laissez mariner 20 minutes.

Détaillez les pommes de terre et les tomates en tranches de 5 mm d'épaisseur. Épépinez le poivron et coupez-le en lanières de 5 mm de large. Préchauffez le four à 200 °C.

Huilez un plat rectangulaire allant au four. Disposez une couche de pommes de terre dans le fond du plat, puis les pavés de poisson. Mélangez le reste des pommes de terre avec le reste de chermoula et disposez le tout sur le poisson. Terminez par les tranches de tomate et les lamelles de poivron. Diluez le concentré de tomates dans 125 ml d'eau, salez et poivrez puis ajoutez le sucre, le jus de citron et l'huile d'olive. Versez ce mélange sur le poisson et parsemez le dessus de persil et de coriandre mélangés.

Couvrez le plat de papier d'aluminium, enfournez et laissez cuire 40 minutes. Retirez le papier d'aluminium. Réglez le four en mode gril et laissez les légumes gratiner légèrement pendant 10 minutes. Servez très chaud.

Les souks

Le mot *souk* désigne tout simplement des marchés, le plus souvent regroupés par type d'activité : souk à la viande, au poisson, aux épices, aux légumes, sans oublier bien sûr les souks aux bijoux, tissus et autres produits de l'artisanat local. Généralement installés dans la médina (l'ancien quartier arabe), les souks forment un spectacle fascinant, plein de bruit et de couleurs. On y voit les Marocains en habits traditionnels déambuler en faisant leurs courses parmi des petits étals présentant des piles impressionnantes de produits de saison aux couleurs éclatantes, tomates rouge profond, pyramides de carottes orange vif, poivrons verts et rouges vernissés, aubergines violacées, oignons rouges, dorés et blancs, navets blancs croquants, courgettes et concombres vert mat, radis rouges et blancs, petits pois vert tendre.

Les vendeurs assis derrière les étals proposent les artichauts sauvages, les tendres asperges, les fraises parfumées ou les œufs frais débordant de caisses en bois ou de paniers tressés. Des chariots chargés de coriandre ou de menthe fraîche sont installés au coin des rues tandis que les échoppes ouvertes proposent une multitude d'épices, olives, citrons confits, dattes fraîches, figues, noix et raisins secs, pois chiches et couscous.

Les étals de viande sont également surchargés. Des carcasses sont accrochées au plafond, voisinant avec des cuisseaux et, par terre, des cages enfermant des lapins, des poulets, des canards et des pigeons. Ils sont généralement vendus vivants, mais le vendeur se charge de les tuer et de les plumer à la demande.

Les acheteurs vont et viennent, se livrent au marchandage pour obtenir le meilleur prix. Les discussions, les cris, les braiments des ânes, l'odeur des kebabs en train de cuire, les arômes pénétrants des épices et de la menthe, tout se mêle pour faire de ces marchés très colorés une expérience inoubliable.

Tajine d'agneau aux olives et pommes de terre

Pour 4 à 6 personnes

Le safran parfume les pommes de terre et leur confère une belle teinte orangée. Cette épice est très chère mais essayez de vous en procurer car elle a une saveur inimitable. Si vous achetez des olives concassées, faites-les blanchir deux fois 2 minutes pour leur faire perdre leur amertume.

1 kg d'épaule d'agneau désossée
80 ml d'huile d'olive
2 oignons finement hachés
2 gousses d'ail finement hachées
1 c. c. de cumin moulu
1/2 c. c. de gingembre moulu
1/2 c. c. de paprika
1/2 c. c. de sel
poivre noir du moulin
3 c. s. de coriandre ciselée
3 c. s. de persil plat ciselé
175 g d'olives vertes
750 g de pommes de terre
1/4 c. c. de stigmates de safran

Dégraissez l'agneau et détaillez-le en cubes de 3 cm. Faites chauffer à feu vif 1 cuillerée et demie d'huile d'olive dans une sauteuse pour y faire dorer la viande de toutes parts. Procédez en plusieurs fois en rajoutant un peu d'huile si besoin ; réservez au chaud.

Baissez le feu, versez 1 cuillerée et demie d'huile d'olive dans la sauteuse et faites fondre l'oignon 5 minutes à feu doux. Ajoutez l'ail, le cumin et le gingembre puis laissez chauffer quelques secondes en remuant vivement. Remettez l'agneau dans la sauteuse avec le paprika et le sel. Poivrez généreusement. Ajoutez la coriandre et le persil, couvrez et laissez mijoter 1 heure à 1 h 15 à feu très doux. Mouillez avec un peu d'eau si la viande attache.

Faites blanchir les olives 5 minutes dans de l'eau bouillante (2 minutes si vous avez acheté des olives concassées) puis égouttez-les. Répétez une autre fois l'opération. Mettez les olives égouttées dans la sauteuse, couvrez et continuez la cuisson 30 minutes environ, jusqu'à ce que l'agneau soit tendre.

Coupez les pommes de terre en quatre, mettez-les dans une casserole, couvrez-les d'eau, salez légèrement et ajoutez le safran. Portez à ébullition et faites-les cuire 10 minutes environ. Égouttez-les puis passez-les rapidement dans le reste d'huile en les retournant délicatement pour qu'elles en soient enrobées.

Transférez l'agneau et sa sauce sur un plat de service, disposez les pommes de terre autour de la viande et servez aussitôt.

Couscous de poulet et de légumes ..... Pour 4 personnes

CE COUSCOUS EST UN GRAND CLASSIQUE DE LA CUISINE MAROCAINE, PRÉPARÉ GÉNÉRALEMENT LE VENDREDI SOIR, JOUR RITUEL DU COUSCOUS. PRÉSENTEZ-LE COMME IL EST INDIQUÉ CI-DESSOUS OU DISPOSEZ LE POULET ET LES LÉGUMES SUR UN PLAT ET SERVEZ LE COUSCOUS ET LA SAUCE À PART.

3 tomates
3 c. s. de smen (p. 187) ou de beurre doux
1 poulet de 1,6 kg coupé en huit
1 oignon brun finement haché
1/2 c. c. de curcuma moulu
1/2 c. c. de cumin moulu
8 oignons grelots
1/4 c. c. de safran
1 bâton de cannelle
4 brins de coriandre
4 brins de persil plat
1 1/2 c. c. de sel
poivre noir du moulin
3 carottes en morceaux
4 courgettes en morceaux
200 g de petits pois (ou de très jeunes fèves)

Couscous aux épices

325 g de couscous
3 c. s. de smen (p. 187) ou de beurre doux
425 g de pois chiches en conserve rincés et égouttés
3 c. c. de harissa

Commencez par peler les tomates. Incisez en croix la base de chaque fruit avec la pointe d'un couteau. Faites-les tremper 20 secondes dans une casserole d'eau bouillante puis rafraîchissez-les dans l'eau froide. La peau doit s'enlever facilement en partant de l'incision. Coupez les tomates en deux pour les épépiner puis recoupez-les en dés.

Faites chauffer le smen dans un faitout ou la marmite d'un couscoussier pour y faire revenir rapidement les morceaux de poulet. Baissez le feu et ajoutez l'oignon brun. Quand il est tendre, incorporez le curcuma, le cumin et les oignons grelots entiers. Mouillez avec 750 ml d'eau puis ajoutez le safran, la cannelle et les dés de tomate. Liez la coriandre et le persil en bouquet pour les plonger dans la marmite. Salez et poivrez. Faites légèrement bouillonner le liquide puis couvrez et laissez mijoter 25 minutes à feu doux. Ajoutez les carottes et laissez mijoter encore 20 minutes. Ajoutez les petits pois ou les fèves ainsi que les courgettes et continuez la cuisson de 15 à 20 minutes, jusqu'à ce que le poulet et tous les légumes soient tendres.

Pendant ce temps, préparez le couscous épicé. Faites cuire le couscous à la vapeur au-dessus de la marmite ou d'une casserole d'eau bouillante (pour plus de détail sur la cuisson, voir p. 140). Incorporez le smen ou le beurre.

Faites chauffer les pois chiches dans une casserole avec 60 ml d'eau jusqu'à évaporation complète du liquide (remuez souvent) puis incorporez-les au couscous.

Disposez le couscous sur un grand plat de service chaud, creusez un puits au centre pour y disposer le poulet et les légumes. Mouillez avec un peu de bouillon. Transvasez 250 ml de bouillon dans un bol pour y délayer la harissa. Versez une partie de ce mélange sur le couscous et présentez le reste dans une saucière pour que chacun se serve à sa guise.

Couscous aux sept légumes . . . . Pour 4 à 6 personnes

LE SEPT EST UN CHIFFRE PORTE-BONHEUR AU MAROC, D'OÙ LE NOMBRE DE LÉGUMES DE CETTE RECETTE TYPIQUE. LES NAVETS DOIVENT ÊTRE JEUNES ET CROQUANTS ; ÉVITEZ DE LES REMPLACER PAR DES RUTABAGAS DONT LE GOÛT EST TROP PRONONCÉ.

1 kg d'épaule d'agneau désossée
60 ml d'huile d'olive
2 oignons coupés en quatre
2 gousses d'ail finement hachées
1/2 c. c. de curcuma moulu
1/2 c. c. de paprika
1/4 c. c. de safran
4 brins de coriandre
4 brins de persil plat
1 bâton de cannelle
400 g de tomates concassées en conserve
1 1/2 c. c. de poivre noir du moulin
1 1/2 c. c. de sel
3 carottes détaillées en bâtonnets épais
3 petits navets coupés en quatre
400 g de potiron
30 g de raisins secs
4 courgettes détaillées en bâtonnets
425 g de pois chiches en conserve rincés et égouttés
325 g de couscous
2 à 3 c. c. de harissa

Dégraissez l'agneau et coupez-le en cubes de 2 cm. Faites chauffer l'huile dans un faitout ou la marmite d'un couscoussier pour y faire revenir la viande, l'oignon et l'ail. Ajoutez le curcuma, le paprika et le safran puis mouillez avec 750 ml d'eau. Liez en bouquet la coriandre et le persil pour les mettre dans la marmite avec le bâton de cannelle, les tomates, le sel et le poivre. Faites chauffer jusqu'à ce que le liquide bouillonne légèrement puis couvrez et laissez mijoter 1 heure à feu doux. Ajoutez les carottes et les navets puis laissez cuire encore 20 minutes.

Pendant ce temps, épluchez le potiron et détaillez-le en cubes de 2,5 cm. Mettez ces derniers dans le faitout avec les raisins secs, les courgettes et les pois chiches. Ajoutez un peu d'eau si nécessaire pour que les ingrédients soient juste recouverts. Poursuivez la cuisson 20 minutes, jusqu'à ce que la viande et les légumes soient tendres.

Pendant ce temps, préparez le couscous épicé. Faites cuire le couscous à la vapeur au-dessus de la marmite ou d'une casserole d'eau bouillante (pour plus de détail sur la cuisson, voir p. 140).

Disposez le couscous sur un grand plat de service chaud et creusez un puits au centre pour y présenter la viande et les légumes. Mouillez de bouillon. Délayez la harissa dans une louche de bouillon et versez-en une partie sur le couscous. Proposez le reste dans une saucière.

Plats de fêtes

La cuisine marocaine commence à prendre forme dans les palais berbères au XIVe siècle. Des aliments nouveaux en provenance d'autres régions du monde donnent naissance à de nouvelles recettes qui vont assez vite passer des somptueuses cuisines de la cour à celles des foyers plus humbles. Une fois de plus par l'intermédiaire des femmes. Car ce sont elles qui sont employées comme cuisinières dans les palais. Cette tradition perdure aujourd'hui et l'école de cuisine créée par le roi Hassan II dans l'enceinte du palais royal de Rabat forme aussi bien de futurs grands chefs que des cuisinières anonymes.

Né dans les palais, le *diffa* (banquet) est une brillante démonstration du savoir-faire culinaire des membres féminins de la famille qui le préparent. Les fiançailles, les mariages, les naissances et les fêtes religieuses se célèbrent dans l'abondance. Le retour du pèlerinage à La Mecque donne lieu à un *diffa* particulièrement fastueux.

Assis autour de tables basses rondes, sur de luxueux divans aux coussins multicolores, les convives se régalent d'une multitude de hors-d'œuvre avant que ne soit servie la pastilla. Ce célèbre feuilleté au pigeon ou au poulet fut inventé il y a des siècles dans les cuisines royales et il est toujours considéré comme l'un des sommets de la cuisine marocaine.

Suivent les tajines de viande, de poulet ou de poisson, dont certains sont agrémentés de fruits et de miel. Tajine de poulet au citron confit, de poulet aux abricots et au miel, d'agneau aux œufs et aux amandes, d'agneau aux dattes, de bœuf aux pommes et aux raisins secs, poisson en croûte d'amandes farci de dattes fourrées, la liste est longue de ces spécialités qui marient le sucré et le salé. Les mélanges d'herbes aromatiques et d'épices, l'eau de fleur d'oranger ou de rose parfument certains plats tandis que d'autres sont parsemés d'amandes grillées ou de graines de sésame. Viennent encore les couscous, au moins deux versions dont l'une à base d'agneau est sucrée, aux fruits et au miel. Des plateaux de fruits frais présentés sur de la glace complètent le festin, qui se termine avec le thé à la menthe servi en grande cérémonie.

Des palais aux plus humbles cuisines, le voyage a duré des siècles, mais la route parcourue a fait la réputation de la gastronomie marocaine.

Briouats au chèvre

Pour 24 briouats

LES BRIOUATS SONT TRADITIONNELLEMENT CONFECTIONNÉS AVEC LA *OUARKA*, UNE BOULE DE PÂTE QUE L'ON TAPE SUR UN PLATEAU BOMBÉ EN CUIVRE CHAUFFÉ PAR DES BRAISES POUR OBTENIR UN FEUILLETÉ EXTRÊMEMENT FIN, PRESQUE TRANSPARENT. ON PEUT LA REMPLACER PAR DES FEUILLES DE BRICK.

Farce au fromage

250 g de fromage de chèvre frais
3 c. s. de persil plat finement ciselé
2 c. c. de menthe finement ciselée
1/2 c. c. de paprika
1/4 c. c. de poivre noir du moulin
1 œuf légèrement battu

48 carrés de pâte à brick ou de pâte à pastilla
1 blanc d'œuf légèrement battu
de l'huile pour la friture

Pour la farce, mélangez le fromage de chèvre avec le persil, la menthe, le paprika et le poivre noir. Ajoutez du sel si nécessaire. Incorporez progressivement l'œuf battu, et seulement la quantité nécessaire pour obtenir un appareil assez ferme (trop mou, il serait difficile à façonner en rouleaux).

Superposez deux carrés de pâte sur le plan de travail (gardez les autres en attente sous une serviette) et badigeonnez le pourtour de blanc d'œuf. Déposez près d'un des angles un peu de farce puis roulez la pâte sur cette garniture en rabattant les côtés vers l'intérieur. Posez le rouleau sur un plateau, sous un torchon ou une serviette. Répétez l'opération avec le reste des ingrédients. Vous devez obtenir 24 briouats.

Faites chauffer l'huile dans une sauteuse. Testez sa température en jetant un morceau de pain dedans : il doit dorer en 15 secondes. Faites frire les briouats quatre par quatre jusqu'à ce qu'ils soient dorés de toutes parts. Sortez-les avec une écumoire et égouttez-les sur du papier absorbant. Servez-les bien chauds.

Badigeonnez de blanc d'œuf le pourtour des carrés de pâte.

Déposez la farce près de l'un des angles puis formez un rouleau.

Aubergines grillées et confiture d'oignons aux épices

Pour 4 personnes

Ces oignons épicés et caramélisés sont généralement servis en hors-d'œuvre. Ici, ils agrémentent des aubergines grillées mais ils peuvent également accompagner des viandes rôties.

4 oignons
100 ml d'huile d'olive
$1/2$ c. c. de stigmates de safran
1 c. c. de gingembre moulu
1 c. c. de cannelle moulue
$1/2$ c. c. de piment de la Jamaïque moulu
1 $1/2$ c. s. de miel
sel et poivre noir du moulin
600 g d'aubergines longues

Détaillez les oignons en quartiers minces. Mettez-les dans une sauteuse, couvrez d'eau froide et portez à ébullition. Laissez mijoter 5 minutes à couvert. Égouttez les oignons dans une passoire.

Versez 2 c. s. d'huile d'olive dans la sauteuse pour y faire chauffer à feu doux le safran, le gingembre, la cannelle et le piment de la Jamaïque. Laissez cuire 1 minute, augmentez le feu puis ajoutez l'oignon, le miel et 375 ml d'eau. Salez et poivrez. Baissez le feu et laissez mijoter 40 minutes à feu doux. Terminez sans couvercle pendant 10 minutes pour que presque tout le liquide s'évapore.

Rincez et essuyez les aubergines. Coupez-les en deux dans la longueur en gardant le pédoncule et retirez une bande de peau au centre de chaque moitié. Badigeonnez les aubergines sur les deux faces avec le reste d'huile et faites-les dorer sur un gril en fonte ou au barbecue, 3 à 4 minutes de chaque côté, jusqu'à ce qu'elles soient tendres.

Disposez les aubergines sur la peau dans les assiettes de service et salez-les légèrement. Nappez-les de confiture d'oignons. Servez chaud ou tiède avec du pain.

Coupez les aubergines en deux dans la longueur en gardant le pédoncule.

Retirez une bande de peau au centre de chaque moitié.

Faites griller les aubergines jusqu'à ce qu'elles soient tendres.

Harira

Pour 4 personnes

CETTE SOUPE EST LA PIÈCE MAÎTRESSE DU REPAS DE RUPTURE DE JEÛNE DU RAMADAN. ELLE MARIE LA SAVEUR DE L'AGNEAU AUX POIS CHICHES ET AUX LENTILLES. ELLE DOIT CALMER LA FAIM RAPIDEMENT ET ON L'ÉPAISSIT PARFOIS AVEC DE LA FARINE. LES VENDEURS DE RUE LA SERVENT DANS DES BOLS.

500 g d'épaule d'agneau
2 c. s. d'huile d'olive
2 petits oignons hachés
2 grosses gousses d'ail pilées
1 1/2 c. c. de cumin moulu
2 c. c. de paprika
1 feuille de laurier
2 c. s. de concentré de tomates
1 litre de bouillon de bœuf
950 g de pois chiches en conserve
800 g de tomates concassées en conserve
3 c. s. de coriandre fraîche ciselée
3 c. s. de persil finement ciselé
sel et poivre noir du moulin
des feuilles de coriandre entières pour décorer

Dégraissez la viande puis détaillez-la en petits morceaux. Faites chauffer l'huile dans un faitout pour y faire revenir l'oignon et l'ail pendant 5 minutes avant d'y ajouter la viande. Continuez la cuisson en remuant sans cesse jusqu'à ce que la viande se colore.

Ajoutez le cumin, le paprika et le laurier ; laissez chauffer jusqu'à ce que les épices embaument. Incorporez alors le concentré de tomates puis mouillez avec le bouillon, remuez et portez à ébullition.

Rincez et égouttez les pois chiches avant de les ajouter dans la cocotte avec les tomates concassées, la coriandre ciselée et le persil. Portez à ébullition puis réduisez le feu et laissez mijoter 2 heures à feu doux en remuant de temps à autre. Salez et poivrez. Décorez la soupe de feuilles de coriandre entières et servez-la avec du pain.

Originaire du Moyen-Orient, le pois chiche fut sans doute introduit au Maroc par les Romains. On l'emploie très couramment : avec la peau dans les soupes, sans la peau dans les tajines et les ragoûts. Faites tremper les pois chiches une nuit entière avant de les faire cuire. Le lendemain, frottez-les entre vos mains pour détacher la peau, puis retirez les peaux remontées à la surface à l'aide d'une écumoire. Couvrez les pois chiches d'eau froide et faites-les cuire au moins 1 heure à petits bouillons, jusqu'à ce qu'ils soient tendres. Vous pouvez aussi les ajouter dans une soupe ou un ragoût en début de cuisson. Si vous optez pour des pois chiches en conserve, procédez comme avec les pois chiches secs pour ôter les peaux.

La boutique des épices

Les Arabes pratiquaient le commerce des épices de nombreux siècles avant que leurs armées ne partent d'Arabie pour propager les enseignements du Prophète. Quand ils atteignirent le Maroc à la fin du VIIe siècle, ils apportèrent les épices dans leurs bagages. Elles font depuis lors partie intégrante de la gastronomie marocaine.

Dans les boutiques des souks, les épices moulues, rouges, jaunes et de toutes les nuances de brun, sont disposées en monticules dans des paniers, des corbeilles ou des saladiers. Les épices entières, bourgeons, écorces, noix de muscade, gousses de cardamome, étoiles de badiane, perles de gomme arabique, piments séchés et boutons de roses parfumés, contrastent avec les élégants étalages d'épices moulues. Les arômes se mêlent, annonciateurs des subtilités du repas à venir. Les huit épices fondamentales de la cuisine marocaine sont la cannelle, le cumin, le safran, le paprika, le curcuma, le poivre noir, le *fefla soudania* (proche du poivre de Cayenne) et le gingembre. Puis viennent les clous de girofle, le piment de la Jamaïque, les graines de coriandre, de fenugrec et de carvi. Aussi alléchants que soient les parfums, les cuisinières marocaines n'achètent les épices qu'en petite quantité pour une fraîcheur parfaite ; elles les emportent chez elles emballées dans des feuilles de papier puis les conservent dans des pots en terre cuite.

Chaque boutique d'épices a sa propre recette de ras-el-hanout, que l'on traduit par « épices du maître », « toit de la boutique » ou encore « tête de l'épicier ». Le nombre d'épices qui composent ce mélange varie entre dix et vingt-six, selon la fantaisie de l'épicier. Il peut comporter du poivre, du poivre de Cayenne, de la lavande, du thym, du romarin, du cumin, du gingembre, du piment de la Jamaïque, de la noix muscade, du macis, de la cardamome, des clous de girofle, de la cannelle, des graines de fenugrec et des graines de paradis, aussi appelées malaguette ou maniguette. Le ras-el-hanout est parfois enrichi de rhizome d'iris, de cubèbe (ou poivre à queue), de belladone, de boutons de rose, de haschich et autres ingrédients dont certains ne se trouvent qu'au Maroc.

Vous pourrez préparer un ras-el-hanout simplifié en mélangeant dans un saladier 1/2 c. c. de clous de girofle moulus, 1/2 c. c. de poivre de Cayenne, 2 c. c. de chacune de ces épices moulues : piment de la Jamaïque, cumin, gingembre, curcuma, poivre noir et cardamome, 3 c. c. de coriandre et de cannelle moulues, 2 noix de muscade râpées par vos soins ou 1 1/2 c. s. de noix de muscade moulue. Mélangez soigneusement et transférez dans un bocal propre et sec. Fermez hermétiquement et conservez dans un endroit frais et obscur. Vous emploierez le ras-el-hanout tel quel, comme il est indiqué dans les recettes. Lorsqu'un plat requiert une saveur de pétales de roses, nous avons remplacé par de l'eau de rose les boutons séchés utilisés dans certains mélanges.

Tajine d'agneau aux dattes .... Pour 6 personnes

LES DATTES SÉCHÉES DÉNOYAUTÉES DANS CETTE RECETTE VONT SE DÉFAIRE À LA CUISSON ET ÉPAISSIR LA SAUCE, QUI TRANSMETTRA LEUR PARFUM À LA VIANDE. CELLES QUI RESTENT ENTIÈRES SONT AJOUTÉES À LA FIN DE LA CUISSON POUR QU'ELLES GARDENT LEUR FORME.

1 kg d'épaule d'agneau ou de gigot désossé
45 g de beurre
1 oignon finement haché
1 c. c. de gingembre moulu
1 c. c. de cannelle moulue
1/2 c. c. de poivre noir du moulin
60 g de dattes sèches dénoyautées et émincées
1 pincée de stigmates de safran
1 c. c. de sel
2 c. s. de miel
2 c. s. de jus de citron
200 g de dattes fraîches ou séchées entières
1/2 citron confit
40 g d'amandes effilées

Dégraissez l'épaule et détaillez-la en cubes de 2,5 cm. Faites fondre 30 g de beurre à feu doux dans une sauteuse et faites cuire l'oignon jusqu'à ce qu'il soit tendre. Incorporez le gingembre, la cannelle et le poivre. Remuez 1 minute puis augmentez le feu pour faire revenir l'agneau de toutes parts. Ajoutez les dattes émincées, le safran et le sel. Couvrez et laissez mijoter 1 h 30 à feu doux en remuant plusieurs fois. Mouillez avec un peu d'eau si la sauce attache.

Incorporez le miel et le jus de citron. Rectifiez l'assaisonnement. Posez les dattes entières sur le tajine, couvrez et laissez mijoter 10 minutes, jusqu'à ce qu'elles aient bien gonflé.

Pendant ce temps, retirez la pulpe du citron confit et détaillez le zeste en fines lanières. Faites fondre 15 g de beurre pour y faire à peine dorer les amandes, en remuant sans cesse. Transférez-les aussitôt sur une assiette pour éviter qu'elles ne brûlent.

Retirez les dattes du plat et réservez-les. Présentez la viande dans un grand plat de service et disposez les dattes dessus avec les lanières de citron et les amandes. Servez bien chaud.

Faites revenir l'agneau, l'oignon et les épices en remuant.

Posez les dattes entières sur le tajine et laissez-les gonfler à la chaleur.

Poulet au citron et aux olives

Pour 4 personnes

Ce poulet m'chermel est un classique de la cuisine marocaine. La chair de la volaille est délicatement parfumée par les épices, les olives et le citron, ce qui en fait un plat très délicat pour les repas de fête. Choisissez des olives vertes non dénoyautées et faites-les blanchir 5 minutes dans l'eau bouillante pour leur enlever un peu d'amertume.

- 1/4 de citron confit
- 60 ml d'huile d'olive
- 1 poulet de 1,6 kg
- 1 oignon haché
- 2 gousses d'ail hachées
- 625 ml de bouillon de volaille
- 1/2 c. c. de gingembre moulu
- 1 1/2 c. c. de cannelle moulue
- 1 pincée de stigmates de safran
- 100 g d'olives vertes non dénoyautées
- 2 feuilles de laurier
- 2 foies de volaille
- 3 c. s. de coriandre fraîche ciselée

Retirez la pulpe du citron confit. Égouttez le zeste, séchez-le avec du papier absorbant puis émincez-le.

Préchauffez le four à 180 °C. Faites chauffer 2 c. s. d'huile d'olive dans une sauteuse et faites revenir le poulet des deux côtés. Transférez-le dans un grand plat à rôtir.

Faites chauffer le reste d'huile et faites fondre l'oignon et l'ail 3 à 4 minutes à feu moyen. Ajoutez le bouillon, le gingembre, la cannelle, le safran, les olives, le laurier et les lamelles de citron puis versez cette sauce autour du poulet. Enfournez et laissez cuire 1 h 30. Ajoutez un peu d'eau ou de bouillon en cours de cuisson si la sauce attache. Arrosez le poulet à plusieurs reprises.

Sortez le poulet du plat, couvrez-le de papier d'aluminium et laissez reposer. Transvasez le jus de cuisson dans une poêle, ajoutez les foies de volaille et écrasez-les dans la sauce pendant qu'ils cuisent. Laissez mijoter 5 à 6 minutes, pour faire épaissir la sauce. Ajoutez la coriandre ciselée. Découpez le poulet et servez-le accompagné de sa sauce.

Retirez la pulpe amère du citron confit.

Détaillez le zeste en fines lamelles.

Poulet aux abricots et au miel .... Pour 4 personnes

On utilise généralement au Maroc un poulet entier découpé. Pour cette recette, nous vous recommandons des blancs de poulet car ils cuisent plus rapidement. Si vous décidez de cuisiner ce plat en hiver, vous pouvez le préparer avec des abricots en conserve bien égouttés.

4 blancs de poulet de 175 g
40 g de beurre
1 c. c. de cannelle moulue
1 c. c. de gingembre moulu
1/4 c. c. de poivre noir du moulin
1/8 c. c. de poivre de Cayenne
1 oignon émincé
250 ml de bouillon de volaille
6 brins de coriandre liés en bouquet
500 g d'abricots frais
2 c. s. de miel liquide
325 g de couscous
2 c. s. d'amandes effilées

Dégraissez les blancs de poulet. Faites fondre le beurre dans une sauteuse pour y faire chauffer à feu doux la cannelle, le gingembre et les deux poivres pendant 1 minute, en remuant sans cesse. Passez à feu moyen pour faire revenir les blancs de poulet dans le mélange d'épices, 1 minute de chaque côté.

Disposez l'oignon tout autour du poulet et laissez cuire 5 minutes en remuant délicatement l'oignon et en retournant les blancs plusieurs fois. Ajoutez le bouillon et le bouquet de coriandre. Salez. Baissez le feu, couvrez et laissez mijoter 5 minutes à feu doux. Retournez le poulet.

Rincez les abricots, coupez-les en deux et dénoyautez-les. Disposez-les autour du poulet, sur la pulpe, et arrosez-les de miel. Couvrez et laissez mijoter 7 à 8 minutes en retournant les abricots au bout de 5 minutes. Transférez les blancs de poulet sur un plat, couvrez et laissez reposer 2 à 3 minutes. Coupez-les en tranches.

Faites cuire le couscous à la vapeur au-dessus d'une casserole d'eau bouillante (pour plus de détail sur la cuisson, voir p. 140). Disposez-le sur les assiettes de service et ajoutez les blancs de poulet. Nappez les blancs de sauce (retirez le bouquet de coriandre) et garnissez-les de moitiés d'abricots. Parsemez d'amandes et servez aussitôt.

Retournez les blancs de poulet dans le mélange aux épices.

Mettez les abricots dans la sauteuse et nappez-les de miel.

Retournez les abricots une fois en cours de cuisson.

Laissez reposer les blancs de poulet avant de les découper.

Autour des agrumes

Le Maroc offre un climat idéal pour faire pousser les agrumes, notamment les oranges et les citrons. L'orange est associée à des aliments comme les dattes, les radis, les olives ou les carottes pour composer des salades rafraîchissantes. On peut aussi la servir en dessert, détaillée en tranches très fines et parfumée avec un mélange d'eau de fleur d'oranger, sucre et cannelle. La salade de citrons, assez acide, est le complément idéal des tajines sucrés.

Salade de citrons, oignons et persil

Pelez à vif 6 citrons, en veillant à éliminer toute la peau blanche. Détaillez-les en tranches de 1 cm d'épaisseur et retirez les pépins. Recoupez les tranches en dés et mettez-les dans un saladier. Émincez 1 petit oignon rouge, ciselez 2 grosses poignées de persil plat. Ajoutez l'oignon et le persil dans le saladier avec 1 c. c. de sel et 1 c. c. de sucre en poudre. Remuez et laissez reposer 10 minutes. Donnez un bon tour de moulin à poivre juste avant de servir. Cette salade accompagne agréablement un poisson ou un tajine aux fruits. Pour 6 à 8 personnes.

Salade d'oranges et radis

Rincez et essuyez 3 oranges puis pelez-les à vif en veillant à éliminer toute la peau blanche. Prélevez les quartiers au-dessus d'un récipient pour recueillir le jus ; épépinez les quartiers avant de les mettre dans un saladier. Lavez et épluchez les radis. Détaillez-les en tranches très fines avec un épluche-légumes ou à la mandoline. Ajoutez-les aux oranges. Mettez 2 c. s. du jus d'orange réservé dans un bol, ajoutez 1 c. s. de jus de citron, 2 c. c. de sucre en poudre, 2 c. s. d'huile d'olive et 1 pincée de sel. Battez vigoureusement et versez sur la salade. Ajoutez 1 c. s. d'eau de fleur d'oranger, mélangez délicatement et laissez reposer 15 minutes au réfrigérateur. Saupoudrez la salade de cannelle moulue et décorez-la de menthe fraîche. Pour 4 personnes.

Salade d'oranges et dattes

Rincez et essuyez 6 oranges. Pelez les oranges à vif en veillant à éliminer toute la peau blanche. Prélevez les quartiers au-dessus d'un saladier pour recueillir le jus ; épépinez les quartiers avant de les mettre dans le saladier. Ajoutez 2 c. s. d'eau de fleur d'oranger et mélangez délicatement. Couvrez et faites rafraîchir au réfrigérateur. Émincez dans la longueur 8 dattes dénoyautées. Faites griller à sec, à feu très doux, 90 g d'amandes mondées. Transférez la salade d'orange sur un plat de service et parsemez-la d'amandes et de dattes. Décorez de quelques feuilles de menthe fraîche. Servez aussitôt. Pour 4 à 6 personnes.

Salade de citrons, oignons et persil

Tajine de bœuf aux pommes et aux raisins

Pour 6 personnes

Ce tajine de bœuf consistant est plutôt un plat d'automne et d'hiver, qui se prépare à la saison des pommes. L'acidité de ces dernières est adoucie par les raisins secs, les épices et le miel. Choisissez de préférence un miel de thym.

1 kg de bœuf (paleron ou macreuse)
2 c. s. d'huile d'olive
40 g de beurre
1 oignon émincé
$\frac{1}{4}$ c. c. de stigmates de safran
$\frac{1}{2}$ c. c. de gingembre moulu
1 $\frac{1}{2}$ c. c. de cannelle moulue
1 $\frac{1}{2}$ c. c. de sel
poivre noir du moulin
4 brins de coriandre liés en bouquet
125 g de raisins secs
90 g de miel
3 pommes à chair légèrement acide
1 c. s. de graines de sésame grillées

Parez et dégraissez la viande puis détaillez-la en cubes de 2,5 cm. Faites chauffer à feu vif la moitié de l'huile et la moitié du beurre dans une sauteuse pour y faire revenir le bœuf. Procédez en plusieurs fois en ajoutant un peu d'huile si nécessaire puis réservez la viande sur une assiette.

Baissez le feu et faites fondre l'oignon 5 minutes. Ajoutez le safran, le gingembre et 1 c. c. de cannelle ; laissez chauffer 1 minute. Versez 100 ml d'eau, salez et poivrez. Remettez le bœuf dans la sauteuse avec le bouquet de coriandre. Couvrez et laissez mijoter 1 h 30. Ajoutez les raisins secs et 1 c. s. de miel. Couvrez et laissez mijoter encore 30 minutes, jusqu'à ce que la viande soit tendre et le jus de cuisson épais.

Faites chauffer le reste du beurre dans une poêle pour y faire cuire les pommes 10 minutes en les retournant souvent. Arrosez-les du reste de miel, saupoudrez-les avec le reste de cannelle et continuez la cuisson 5 minutes, jusqu'à ce que les pommes soient tendres et laquées. Transférez la viande dans un plat de service avec la sauce, disposez les pommes dessus et décorez de graines de sésame.

Dans les régions vallonnées du Maroc, les flancs des coteaux sont couverts de thym sauvage et d'arbres fruitiers qui attirent les abeilles à l'époque de la floraison. Par un processus complexe, elles parviennent à restituer l'essence de la fleur dans le miel qu'elles produisent. Le miel de thym, au parfum caractéristique, est idéal dans les tajines. Le miel de fleur d'oranger apporte une fragrance délicate aux pâtisseries. Prenez garde à ne pas vous brûler quand vous faites chauffer du miel. Ajoutez un peu d'eau pour limiter les risques d'accident.

Pastilla

Pour 6 à 8 personnes

Ce feuilleté au pigeon ou au poulet est traditionnellement préparé avec de la pâte *ouarka*, puis frit, saupoudré de sucre glace et décoré d'un motif en croisillons ou en losanges réalisé avec un mélange de sucre et de cannelle. Vous pouvez utiliser des feuilles de brick.

250 g de smen (p. 187) ou de beurre doux
1 poulet de 1,5 kg ou 3 pigeons de 500 g coupés en deux
2 gros oignons rouges finement hachés
3 gousses d'ail pilées
1 bâton de cannelle
1 c. c. de gingembre moulu
1 1/2 c. c. de cumin moulu
1/4 c. c. de poivre de Cayenne
1/2 c. c. de curcuma moulu
500 ml de bouillon de volaille
1 grosse pincée de stigmates de safran infusés dans 2 c. s. d'eau chaude
1 c. s. de jus de citron
2 grosses poignées de persil plat ciselé
2 grosses poignées de coriandre ciselée
5 œufs légèrement battus
100 g d'amandes grillées légèrement concassées
30 g de sucre glace
1 c. c. de cannelle moulue
12 feuilles de brick

Préchauffez le four à 160 °C. Dans une grande cocotte, faites fondre à feu moyen 150 g de smen pour y faire revenir le poulet. Réservez la viande sur une assiette. Faites dorer les oignons dans la cocotte puis ajoutez l'ail et les épices. Mouillez enfin avec le bouillon et le safran infusé. Ajoutez le poulet et laissez-le cuire 1 heure au four. Égouttez la viande, désossez-la et détaillez-la en petits morceaux. Augmentez la température du four à 180 °C.

Ajoutez le jus de citron, le persil et la coriandre dans la cocotte puis laissez réduire la sauce 10 minutes pour la faire épaissir. Baissez le feu au maximum avant d'incorporer progressivement les œufs battus, en remuant sans cesse pour obtenir une sorte de brouillade. Retirez la cocotte du feu, ajoutez les morceaux de poulet et assaisonnez.

Mélangez les amandes avec le sucre et la cannelle. Faites fondre le reste de smen puis badigeonnez-en une grande tourtière. Posez une feuille de brick dans le fond du moule en la laissant dépasser et badigeonnez-la de smen. Répétez l'opération sept fois en superposant les feuilles en étoile. Répartissez le mélange à la viande sur la pâte et rabattez 4 feuilles de pâte dessus. Badigeonnez de smen, saupoudrez avec les amandes puis rabattez les dernières feuilles. Badigeonnez de smen les feuilles de pâte qui restent, coupez-les en carrés de 15 cm et disposez-les en « fleurs » sur la tourte. Laissez dorer 1 heure au four.

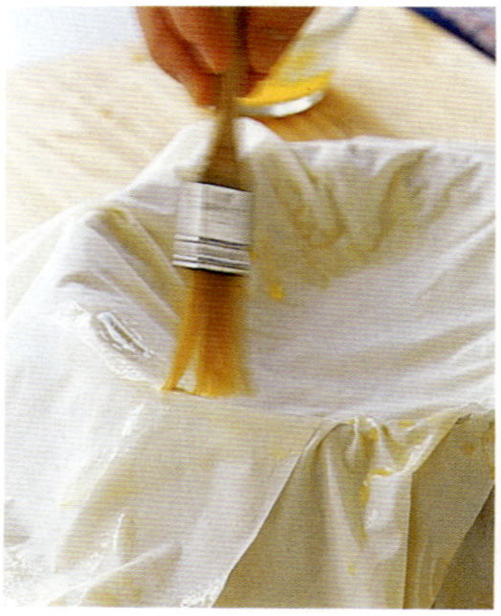
Disposez en étoile les feuilles de pâte dans une tourtière.

Saupoudrez le dessus de la pastilla avec le mélange aux amandes.

Formez des fleurs avec des carrés de pâte pour décorer la pastilla.

Méchoui

Pour 6 personnes

LE VÉRITABLE MÉCHOUI SE FAIT AVEC UN AGNEAU ENTIER CUIT À LA BROCHE. POUR CETTE VERSION FAMILIALE, NOUS PROPOSONS UNE CUISSON PROLONGÉE AU FOUR, À FEU TRÈS DOUX. L'ARROSAGE RÉGULIER DE LA VIANDE EST INDISPENSABLE POUR QU'ELLE RESTE FONDANTE. SI L'AGNEAU DORE TROP VITE, DESCENDEZ-LE D'UN CRAN DANS LE FOUR ET RETOURNEZ-LE DE TEMPS EN TEMPS.

1 gigot d'agneau de 2,25 kg
70 g de beurre ramolli à température ambiante
3 gousses d'ail pilées
3 c. c. de coriandre moulue
1 c. c. de paprika
1 1/2 c. s. de cumin moulu
1/4 c. c. de sel fin
1 1/2 c. c. de gros sel

Préchauffez le four à 220 °C. Avec un couteau bien aiguisé, pratiquez des incisions profondes sur le dessus et les côtés du gigot.

Mélangez dans un saladier le beurre, l'ail, la coriandre, le paprika, 2 c. c. de cumin et le sel fin. Étalez cette pâte avec le dos d'une cuillère sur toute la surface du gigot puis égalisez-la du bout des doigts.

Posez l'agneau sur l'os dans un grand plat à rôtir et placez celui-ci en haut du four. Faites-le cuire 10 minutes puis arrosez-le du jus qui a commencé à se former dans le plat. Réglez le thermostat sur 160 °C et remettez l'agneau au four. Laissez-le cuire environ 3 h 15 en l'arrosant de jus de cuisson toutes les 30 minutes (un peu moins si vous jugez qu'il cuit trop vite).

Découpez le gigot en morceaux. Mélangez le reste de cumin avec le gros sel et servez-le à part pour que chacun assaisonne son méchoui à son goût.

D'origine berbère, le méchoui se cuit traditionnellement sur la braise. Lors des festivals berbères (moussem), le méchoui est le clou de la fête. L'agneau est entièrement frotté d'un mélange d'épices (cumin, coriandre et paprika), d'ail pilé et de sel, que l'on fait également pénétrer dans des incisions, puis il est généralement badigeonné de smen parfumé aux herbes. Rôti au-dessus d'un lit de braises, l'agneau est fréquemment arrosé pour lui conserver son moelleux et l'imprégner de saveurs. La cuisson dure jusqu'à ce que la viande soit fondante et que l'on puisse en détacher des morceaux avec les doigts. On la sert avec le classique mélange de sel et cumin.

Autour du coing

LES RECETTES AIGRES-DOUCES D'ORIGINE PERSANE MARIENT LE COING AVEC L'AGNEAU ET LA VOLAILLE MAIS LES VARIANTES MAROCAINES SONT PLUS ÉPICÉES. SI LES MAROCAINS NE CONFECTIONNENT PAS DE PÂTE DE COINGS, ELLE A ÉTÉ INTÉGRÉE DANS L'UNE DES RECETTES QUI SUIVENT POUR LUI DONNER LA SAVEUR DU FRUIT HORS SAISON. POCHER LE COING ENTIER AVEC SA PEAU DONNE UNE TEINTE ROSÉE À SA CHAIR, RÉSULTAT QUI NE S'OBTIENT AVEC DES COINGS ÉPLUCHÉS QUE SI VOUS LE LAISSEZ CUIRE AU MOINS 2 HEURES.

Tajine d'agneau aux coings

Détaillez une épaule d'agneau désossée de 1,5 kg en cubes de 3 cm. Mettez la viande dans une cocotte à fond épais. Ciselez grossièrement 2 grosses poignées de feuilles de coriandre et ajoutez-les dans la cocotte avec 1 gros oignon coupé en dés, 1/2 c. c. de gingembre moulu, 1/2 c. c. de poivre de Cayenne, 1/4 c. c. de stigmates de safran, 1 c. c. de coriandre moulue, 1 bâton de cannelle, du sel et du poivre. Mouillez avec un peu d'eau froide et portez à ébullition. Baissez le feu et laissez mijoter 1 h 30, jusqu'à ce que l'agneau soit tendre. Pendant ce temps, pelez 500 g de coings, évidez-les et coupez-les en quatre. Faites fondre 40 g de beurre dans une sauteuse à feu moyen pour y faire revenir les coings 15 minutes, jusqu'à ce qu'ils soient légèrement dorés. Quand l'agneau a cuit 1 heure, ajoutez les coings, 100 g d'abricots secs et 1 c. s. de sucre en poudre. Goûtez la sauce et rectifiez l'assaisonnement si nécessaire. Transférez le tout dans un plat de service et décorez de feuilles de coriandre. Accompagnez ce tajine de couscous ou de riz. Pour 4 à 6 personnes.

Tajine de poulet à la pâte de coings

Faites couper en quatre par votre volailler un poulet de 1,5 kg. Pratiquez des incisions en biseau dans les parties charnues (blancs, entrecuisses, pilons). Frottez la chair avec 2 c. c. de ras-el-hanout (mélange d'épices marocain), couvrez et laissez reposer 20 minutes. Faites chauffer 2 c. s. d'huile dans une sauteuse, à feu moyen. Posez les morceaux de poulet sur la peau et faites-les revenir 2 minutes puis retournez-les et faites-les dorer encore 2 minutes. Réservez-les sur une assiette. Faites fondre un oignon émincé 5 minutes dans la sauteuse. Mouillez avec 250 ml de bouillon de volaille et remuant bien le fond de cuisson puis remettez le poulet dans la sauteuse. Salez. Baissez le feu et laissez mijoter 45 minutes à feu doux en retournant le poulet de temps à autre. Quand il est tendre, détaillez 90 g de pâte de coings en fines lamelles, mettez-les dans la sauteuse et écrasez-les à la fourchette pour les incorporer à la sauce. Ajoutez 1 c. s. de jus de citron et 2 c. c. d'eau de rose ; laissez mijoter encore 1 minute. Servez le poulet nappé de sauce, avec des carottes aux épices (p. 30). Pour 4 personnes.

Coings pochés à l'eau de rose

Rincez soigneusement 2 coings et coupez-les en quatre. Mettez-les dans une casserole et couvrez-les d'eau. Portez à ébullition, couvrez et laissez mijoter 40 minutes à feu doux, jusqu'à ce que les quartiers de coings soient presque tendres et commencent à se colorer. Égouttez-les dans un chinois au-dessus d'un saladier puis remettez le jus de cuisson dans la casserole. Ajoutez 175 g de sucre et le zeste d'un 1/2 citron. Remuez jusqu'à dissolution du sucre puis laissez mijoter doucement. Pendant ce temps, pelez les quartiers de coings, ôtez le cœur et coupez chaque quartier en deux dans la longueur avant de les mettre dans la casserole avec 1 c. s. d'eau de rose. Laissez mijoter encore 30 minutes à découvert, jusqu'à ce que le coing soit tendre et légèrement rosé. Retirez le zeste de citron. Servez tiède ou frais. Pour 4 personnes.

Tajine d'agneau aux coings

Agneau aux œufs et aux amandes .... Pour 6 personnes

CE TAJINE *(T'FAYA)* EST SERVI LORS DES FÊTES DANS TOUT LE MAROC. POUR AJOUTER UNE TOUCHE DE COULEUR, ON PLONGE PARFOIS LES ŒUFS DURS ÉCALÉS DANS DE L'EAU CHAUDE OÙ L'ON A MIS DU SAFRAN À INFUSER. LES ŒUFS PRENNENT UNE BELLE TEINTE DORÉE ET UNE SAVEUR DÉLICATE.

1,25 kg de filet d'agneau avec os coupé en tranches épaisses
60 ml d'huile d'olive
2 oignons grossièrement râpés
3 gousses d'ail finement hachées
2 c. c. de gingembre moulu
1/4 c. c. de stigmates de safran
1 c. c. de sel
poivre noir du moulin
3 c. s. de coriandre ciselée
40 g de beurre
150 g d'amandes mondées
6 œufs durs coupés en deux
des feuilles de coriandre pour décorer

Dégraissez la viande. Faites chauffer à feu vif la moitié de l'huile dans une sauteuse pour y faire revenir l'agneau. Procédez en plusieurs fois et ajoutez de l'huile si nécessaire. Réservez la viande sur une assiette.

Baissez le feu, ajoutez le reste d'huile dans la sauteuse et faites fondre les oignons 5 minutes à feu doux. Ajoutez l'ail et le gingembre puis mouillez avec 100 ml d'eau en grattant le fond avec une spatule en bois. Remettez l'agneau dans la sauteuse avec le safran. Salez et poivrez. Couvrez et laissez mijoter 1 h 15 à feu doux puis incorporez la coriandre ciselée. Laissez cuire encore 15 minutes pour que l'agneau soit très tendre.

Pendant ce temps, faites fondre le beurre dans une poêle pour y faire dorer les amandes à feu moyen, en remuant souvent. Retirez la poêle du feu dès qu'elles se colorent.

Disposez l'agneau sur un plat de service, nappez de sauce et ajoutez les œufs durs. Décorez le dessus avec les amandes grillées et des feuilles de coriandre.

Il faut récolter les stigmates de 2 000 fleurs de Crocus sativus pour obtenir 10 g de safran, ce qui explique que ce soit l'épice la plus chère du monde. Introduite en Afrique du Nord par les Arabes de l'Espagne maure, le safran est maintenant cultivé, récolté et traité au Maroc. Il parfume et colore les aliments. Les stigmates sont mis à infuser dans un peu d'eau avant l'emploi ou ajoutés secs dans les tajines et les soupes. Pour obtenir du safran moulu, faites légèrement griller les stigmates à sec dans une poêle chaude avant de les piler dans un mortier.

Poisson en croûte d'amandes aux pruneaux fourrés

Pour 4 personnes

LE POISSON FRIT GARDE TOUT SON MOELLEUX DANS SA CROÛTE D'AMANDES AU PARFUM DÉLICAT. CE PLAT EST UNE SPÉCIALITÉ DE LA VILLE CÔTIÈRE DE SAFI.

4 filets de poisson blanc de 200 g chacun
24 pruneaux dénoyautés
24 amandes mondées légèrement grillées
30 g de beurre
2 oignons émincés
3/4 c. c. de gingembre moulu
3/4 c. c. de cannelle moulue
1 pincée de sel
1 pincée de poivre noir
1 pincée de safran moulu
1 1/2 c. c. de sucre
3 c. c. de jus de citron
3 c. c. d'eau de fleur d'oranger
1 œuf
100 g de d'amandes en poudre
3 à 4 c. s. de smen (p. 187) ou de beurre doux
des quartiers de citron pour accompagner

Fourrez chaque pruneau d'une amande entière grillée.

Passez le poisson dans l'œuf puis dans les amandes en poudre.

Choisissez des filets prélevés au centre du poisson et ne dépassant pas 3 cm dans leur partie la plus épaisse. Salez-les légèrement puis réservez-les. Fourrez chaque pruneau d'une amande entière et réservez.

Faites fondre le beurre dans une sauteuse pour y faire cuire les oignons 10 minutes à feu doux en remuant souvent. Quand ils sont dorés, ajoutez 1/2 c. c. de gingembre moulu et la même quantité de cannelle, le sel et le poivre. Remuez et laissez chauffer quelques secondes. Mouillez avec 250 ml d'eau et ajoutez le safran. Couvrez et laissez mijoter 5 minutes puis incorporez les pruneaux fourrés, le sucre, le jus de citron et l'eau de fleur d'oranger. Couvrez et laissez mijoter encore 15 minutes pour que les pruneaux soient bien gonflés.

Battez l'œuf avec le reste de gingembre et de cannelle moulus. Étalez les amandes en poudre dans une assiette. Trempez le poisson dans l'œuf battu, égouttez-le puis retournez-le plusieurs fois dans les amandes en poudre. Posez-le sur une plaque garnie de papier sulfurisé.

Faites fondre le smen ou le beurre à feu moyen dans une grande poêle antiadhésive ; le fond de matière grasse doit atteindre 5 mm de hauteur. Baissez le feu avant d'ajouter le poisson et laissez-le frire 2 minutes de chaque côté. Veillez à ce que la croûte d'amandes ne brûle pas ; si c'était le cas, sortez tout de suite le poisson de la poêle et terminez sa cuisson dans la sauteuse, sur la sauce aux oignons et aux pruneaux. Servez le poisson nappé de sauce et accompagnez-le de quartiers de citron.

Autour du riz

Le riz est assez rare dans la cuisine marocaine. On le trouve cependant dans certains desserts comme l'entremets au riz (p. 188), recette également utilisée en garniture de briouats frits, une pâtisserie servie pendant le Ramadan. Tétouan, autrefois capitale du Maroc espagnol, fait exception et sa cuisine l'utilise fréquemment. Le riz est généralement cuit à la vapeur comme le couscous.

Riz au safran

Rincez 500 g de riz long grain dans une passoire jusqu'à ce que l'eau soit limpide puis égouttez-le. Portez 875 ml d'eau à ébullition et ajoutez 1/2 c. c. de safran moulu ou de stigmates de safran. Laissez infuser 20 minutes. Faites chauffer 2 c. s. d'huile d'olive dans une sauteuse, ajoutez le riz et remuez soigneusement afin de l'enrober d'huile. Ajoutez l'eau au safran puis salez. Remuez. Portez à ébullition et laissez bouillir 1 minute. Couvrez hermétiquement, baissez le feu au maximum et laissez mijoter 10 à 12 minutes, jusqu'à ce que toute l'eau soit absorbée. La vapeur va former des cratères à la surface du riz. Éteignez le feu et laissez reposer 10 minutes à couvert pour que toute l'eau soit absorbée. Incorporez 20 g de beurre, aérez le riz à la fourchette et servez. Pour 6 personnes.

Farce pour le poulet rôti

Faites chauffer 2 c. s. d'huile d'olive dans une casserole pour y faire revenir 1 oignon haché 5 minutes à feu moyen. Ajoutez 110 g de riz rond et faites-le chauffer jusqu'à ce que les grains deviennent translucides, en remuant à plusieurs reprises. Ajoutez 2 tomates pelées et concassées, 2 c. s. de persil plat ciselé, 2 c. c. de menthe ciselée, 1/2 c. c. de paprika, 1 pincée de poivre de Cayenne et la même quantité de sucre. Mouillez avec 375 ml d'eau. Remuez et portez à ébullition. Couvrez et laissez mijoter 12 minutes à feu doux, jusqu'à ce que le riz soit presque cuit et que toute l'eau soit absorbée. Laissez refroidir. Farcissez 2 poulets avec ce riz, sans le tasser. Si vous ne faites rôtir qu'un seul poulet, mélangez le riz restant avec un peu d'eau et continuez la cuisson à feu doux jusqu'à ce qu'il soit tendre ; servez-le en garniture du poulet. Pour farcir 2 poulets..

Riz aux bettes

Coupez l'extrémité de 900 g de bettes. Rincez les feuilles soigneusement et coupez-les de part et d'autre de la tige centrale. Détaillez celle-ci en tranches épaisses et déchiquetez grossièrement les feuilles. Faites chauffer 80 ml d'huile d'olive dans une casserole pour y faire fondre 1 oignon haché 5 minutes à feu doux. Ajoutez les tiges de bette et 1 c. c. de paprika. Laissez cuire encore 5 minutes avant d'incorporer les feuilles, 2 c. s. de coriandre ciselée, 2 c. s. de persil plat ciselé, 110 g de riz rond et 125 ml d'eau. Remuez jusqu'à ce que les feuilles et les cardes commencent à se flétrir. Ajoutez alors 1 1/2 c. s. de jus de citron en remuant sans cesse puis couvrez et laissez mijoter 25 minutes, jusqu'à ce que le riz soit tendre. Salez et poivrez. Servez bien chaud en garniture. Pour 4 personnes.

Riz au safran

Truite farcie aux dattes

Pour 4 personnes

LE MARIAGE DES DATTES ET POISSON EST UN USAGE CONSACRÉ AU MAROC. TRADITIONNELLEMENT, LE POISSON EST CUIT À L'ÉTOUFFÉE SUR LA BRAISE, DANS UN PLAT À TAJINE MÊME SI AUJOURD'HUI, PROGRÈS OBLIGE, LA CUISSON AU FOUR EST DE PLUS EN PLUS FRÉQUENTE.

4 truites moyennes
sel et poivre noir du moulin
140 g de dattes émincées
50 g de riz cuit
1 oignon finement haché
4 c. s. de coriandre ciselée
1/4 c. c. de gingembre moulu
1/4 c. c. de cannelle moulue
50 g d'amandes mondées grossièrement concassées
40 g de beurre fondu
de la cannelle moulue pour saupoudrer

Préchauffez le four à 180 °C. Essuyez les truites avec du papier absorbant. Salez et poivrez légèrement.

Mélangez dans un saladier les dattes, le riz, la moitié de l'oignon, la coriandre, le gingembre, la cannelle, les amandes et la moitié du beurre. Salez et poivrez.

Farcissez les truites de ce mélange et posez-les sur quatre feuilles d'alu pliées en deux et généreusement beurrées. Badigeonnez les poissons avec le reste du beurre, salez et poivrez puis répartissez le reste de l'oignon sur les truites. Fermez les papillotes. Disposez-les sur une grande plaque de cuisson, enfournez et laissez cuire 15 à 20 minutes. Saupoudrez les poissons de cannelle avant de servir.

Si les régions côtières du Maroc bénéficient d'une abondance de produits de la mer, les populations de l'intérieur vont surtout cuisiner les poissons d'eau douce ou certains poissons, comme la truite de mer et l'alose, qui remontent les rivières depuis l'Atlantique. À Fez, pour les repas de fête, le poisson est servi farci de pâte d'amandes et cuit au four. L'alose et la truite de mer comportent de petites arêtes dont il faut se méfier.

Poisson à la harissa et aux olives . . . . Pour 4 personnes

La harissa ajoute une pointe de piquant à la sauce tomate, mais dosez-la avec prudence si vous n'y êtes pas accoutumé. Vous pouvez la remplacer par un peu de piment rouge frais finement haché ou du poivre de Cayenne.

de la farine
sel et poivre noir du moulin
80 ml d'huile d'olive
4 filets de poisson blanc de 200 g chacun (cabillaud, daurade, perche)
1 oignon haché
2 gousses d'ail pilées
400 g de tomates concassées en conserve
2 c. c. de harissa
2 feuilles de laurier
1 bâton de cannelle
175 g d'olives noires
1 c. s. de jus de citron
2 c. s. de persil plat ciselé

Mélangez dans une assiette un peu de farine, de sel et de poivre. Faites chauffer la moitié de l'huile dans une poêle à fond épais. Farinez les filets de poisson et faites-les cuire à feu moyen 2 minutes de chaque côté, jusqu'à ce qu'ils soient dorés. Transférez-les dans un plat.

Versez le reste d'huile dans la poêle et faites fondre l'oignon et l'ail 3 à 4 minutes. Ajoutez les tomates, la harissa, le laurier et la cannelle. Laissez mijoter 10 minutes pour faire épaissir la sauce. Salez et poivrez.

Remettez le poisson dans la poêle, ajoutez les olives et nappez le poisson de sauce tomate. Retirez les feuilles de laurier et le bâton de cannelle. Laissez cuire 2 minutes puis arrosez de jus de citron et décorez de persil. Servez aussitôt.

Farinez les filets de poisson avant de les faire cuire.

Faites dorer les filets de poisson à feu moyen.

Le couscous

Quelle que soit la semoule choisie (prête à l'emploi ou non), la vapeur est le mode de cuisson qui donne les meilleurs résultats. Pour 4 à 5 personnes, mettez 325 g de couscous dans un grand saladier et couvrez d'eau. Remuez, égouttez aussitôt la semoule dans une passoire et remettez-la dans le saladier. Laissez gonfler 5 minutes puis séparez les grains à la main.

Tapissez le panier du couscoussier d'une double épaisseur d'étamine, ajoutez la semoule et posez le panier au-dessus de la marmite (qui peut contenir la viande et les légumes du couscous ou tout simplement de l'eau bouillante). Le panier ne doit pas être en contact avec le liquide. Vous pouvez rectifier la hauteur avec un bourrelet de papier d'aluminium calé entre le bord de la marmite et le panier. Faites cuire la semoule 20 minutes à la vapeur, sans couvrir, en l'aérant à la fourchette de temps à autre. Transférez-la ensuite dans un grand saladier. Mélangez 1/2 c. c. de sel et 80 ml d'eau froide. Ajoutez dans la semoule 30 g de beurre en copeaux et arrosez avec l'eau salée. Remuez. Quand la semoule a suffisamment refroidi, frottez-la délicatement entre vos paumes de main pour séparer les grains. Couvrez et réservez. Vingt minutes avant de servir, remettez le couscous dans le panier tapissé d'étamine et reposez celui-ci sur la marmite. Aérez la semoule à la fourchette à plusieurs reprises.

Si vous êtes très pressé, terminez la cuisson au micro-ondes, qui donne des résultats satisfaisants. Mettez la semoule gonflée dans un plat en céramique. Mélangez 1/2 c. c. de sel et 250 ml d'eau froide. Versez un tiers de cette eau salée sur la semoule, couvrez et faites cuire 3 minutes au four à pleine puissance. Ajoutez 30 g de beurre en copeaux et aérez la semoule à la fourchette. Répétez l'opération deux fois avec le reste d'eau et aérez de nouveau à la fourchette. Découvrez et remuez une dernière fois avant de servir.

Couscous d'agneau aux raisins

. . . . Pour 4 personnes

CE PLAT EST L'UN COUSCOUS SUCRÉS PROPOSÉS TRADITIONNELLEMENT AU COURS D'UN *DIFFA* (REPAS DE FÊTE AUX HUIT ENTRÉES), LA NOTE SUCRÉE ÉTANT APPORTÉE PAR LES RAISINS SECS. LA SOURIS D'AGNEAU OFFRE UNE VIANDE TRÈS FONDANTE MAIS L'ÉPAULE SERA ÉGALEMENT TRÈS MOELLEUSE DANS CETTE RECETTE.

3 oignons
60 g de beurre
3 souris d'agneau
$1/2$ c. c. de curcuma moulu
1 $1/2$ c. c. de gingembre moulu
1 c. c. de poivre noir du moulin
$1/4$ c. c. de stigmates de safran
1 pincée de poivre de Cayenne
3 brins de coriandre
3 brins de persil plat
1 c. c. de sel
425 g de pois chiches en conserve
90 g de raisins secs
325 g de couscous

Faites tremper les pois chiches puis frottez-les pour détacher la peau.

Désossez les souris d'agneau et coupez la chair en morceaux.

Émincez 1 oignon et réservez-le. Coupez les 2 autres en quatre. Faites chauffer le beurre dans une sauteuse ou dans la marmite d'un couscoussier. Ajoutez les souris d'agneau, les oignons en quartiers, le curcuma, le gingembre, le poivre noir, le safran, le poivre de Cayenne. Remuez 1 minute à feu doux. Mouillez avec 500 ml d'eau. Liez en bouquet les brins de coriandre et de persil et ajoutez-les dans la sauteuse avec le sel. Laissez chauffer jusqu'au point d'ébullition puis couvrez et faites mijoter 1 h 45 à 2 heures à feu doux, jusqu'à ce que l'agneau soit très tendre.

Égouttez les pois chiches, mettez-les dans un grand saladier et couvrez-les d'eau. Frottez-les entre vos mains pour détacher la peau. Faites couler de l'eau dans le saladier, remuez les pois chiches et laissez remonter les peaux à la surface ; retirez-les à l'aide d'une écumoire. Répétez l'opération jusqu'à élimination complète des peaux. Égouttez et réservez.

Quand les souris sont cuites, sortez-les du bouillon et désossez-les. Coupez la viande en morceaux et remettez-la dans la sauteuse avec les pois chiches, l'oignon émincé et les raisins secs. Couvrez et laissez mijoter 20 minutes. Ajoutez un peu d'eau si nécessaire.

Pendant ce temps, faites cuire le couscous à la vapeur au-dessus d'une casserole d'eau bouillante (pour plus de détail sur la cuisson, voir p. 140).

Disposez le couscous sur un grand plat et creusez un puits au centre. Retirez le bouquet d'herbes et présentez la viande avec sa garniture dans le puits. Mouillez avec une partie du bouillon. Versez le reste dans une petite soupière pour que chaque convive se serve à sa guise.

Poulet rôti farci au couscous

Pour 4 à 6 personnes

Les cuisinières marocaines font généralement cuire le poulet farci à la vapeur ou dans un tajine. Pour le dorer, elles le retirent de la sauce et le font revenir à la poêle. Dans cette recette, le poulet est cuit au four.

1 poulet de 1,6 kg
sel et poivre noir du moulin
2 c. c. de paprika
30 g de beurre
250 ml de bouillon de volaille

Farce

140 g de couscous
40 g de raisins secs
30 g de beurre
1 c. s. de miel
1/2 c. c. de cannelle moulue
40 g d'amandes mondées légèrement grillées

Préchauffez le four à 180 °C. Salez et poivrez le poulet, saupoudrez-le de paprika en frottant pour que celui-ci adhère à la peau du poulet.

Pour la farce, mélangez dans un récipient en verre la semoule, les raisins secs, le beurre, le miel et la cannelle. Arrosez avec 125 ml d'eau bouillante, remuez et laissez reposer jusqu'à ce que toute l'eau soit absorbée. Aérez la graine à la fourchette, couvrez et faites cuire 2 minutes 30 au micro-ondes (puissance maximum). Mélangez de nouveau à la fourchette puis ajoutez les amandes.

Farcissez le poulet de semoule sans trop tasser (s'il en reste, vous la réchaufferez pour accompagner la volaille). Liez les pilons ensemble et repliez les ailerons sous les ailes.

Enduisez d'un peu de beurre ramolli le fond d'un plat à rôtir. Posez le poulet dans le plat, étalez dessus le reste du beurre et versez le bouillon tout autour. Faites-le rôtir 1 h 30 à 1 h 45 au four, en l'arrosant souvent de bouillon. Quand il est cuit, mettez-le sur un autre plat, couvrez-le d'une feuille d'alu et laissez-le reposer 15 minutes avant de le découper. Vous pouvez passer le jus de cuisson dans un tamis fin et en arroser la viande. Accompagnez d'une salade d'oranges et dattes (p. 120) ou d'une salade de carottes et oranges (p. 30).

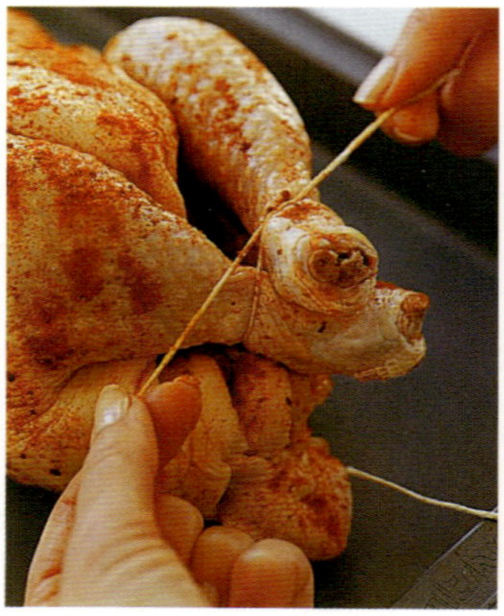

Quand le poulet est farci, liez les pilons avec de la ficelle de cuisine.

Faites rôtir le poulet au four en l'arrosant souvent de jus de cuisson.

Couscous sucré

Pour 4 à 6 personnes

LE DERNIER PLAT SERVI DANS UN REPAS DE FÊTE EST UN COUSCOUS LE PLUS SOUVENT SUCRÉ. IL EST PRÉPARÉ AVEC UN MÉLANGE DE PISTACHES, PIGNONS DE PIN, AMANDES, NOIX ET AUTRES FRUITS SECS.

80 g de pistaches, pignons de pins et amandes mélangés
50 g d'abricots secs
250 g de couscous
55 g de sucre en poudre
90 g de beurre doux ramolli
1 pincée de sel
1/2 c. c. de cannelle moulue
2 c. s. de sucre en poudre en supplément
375 ml de lait très chaud

Préchauffez le four à 160 °C. Étalez les pistaches, les pignons et les amandes sur une plaque de cuisson et faites-les dorer 5 minutes au four. Laissez-les refroidir puis concassez-les grossièrement et mettez-les dans un saladier. Émincez les abricots puis ajoutez-les dans le saladier.

Mettez la semoule et le sucre dans un grand récipient et couvrez avec 250 ml d'eau bouillante. Mélangez soigneusement puis incorporez le beurre et le sel. Remuez jusqu'à ce que le beurre ait complètement fondu. Vous pouvez également faire cuire le couscous à la vapeur (pour plus de détail, voir p. 140). Aérez la graine à la fourchette puis incorporez la moitié des fruits secs.

Transférez le couscous dans le plat de service et disposez le reste des fruits sur le pourtour. Mélangez la cannelle et le sucre dans un petit bol, versez le lait chaud dans une cruche et proposez-les aux convives qui se serviront à leur goût.

Parmi les différentes espèces de pistachiers, seule celle appelée Pistacia vera, originaire d'Asie centrale, produit des fruits comestibles. Ce sont les Romains qui l'introduisirent en Afrique du Nord. Les fruits ressemblent à des olives vertes et se teintent d'une nuance rougeâtre lorsqu'ils sont mûrs. Une fois l'enveloppe extérieure retirée, la coque blanc cassé est déjà entrouverte et dévoile la graine, d'où le nom que l'on donne à la pistache en Iran : khandan, c'est-à-dire « souriant ». Outre sa saveur délicate, l'amande vert vif de la pistache ajoute une touche de couleur dans les desserts et les pâtisseries.

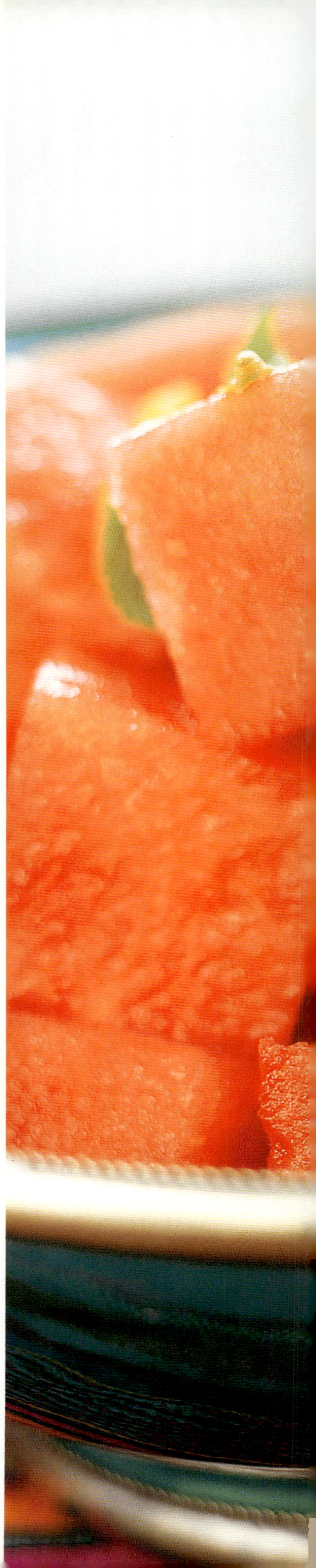

Douceurs, pâtisseries et boissons

Les Marocains terminent plus volontiers le repas par un fruit frais que par un gâteau, et les desserts traditionnels sont donc assez rares. Les deux douceurs les plus populaires sont l'entremets au riz et le *mouhalabia*, un pudding de riz à l'eau de rose. Le yaourt est évidemment un « dessert » que les Marocains ne consomment qu'accompagné de sucre ou de miel.

Les fruits frais sont l'objet de tous les soins. Parfumés avec de l'eau de fleur d'oranger ou de l'eau de rose, parsemés d'amandes, de noix ou de feuilles de menthe, leur présentation est toujours très esthétique. Les figues fraîches, les pastèques, les oranges, les bananes et les pêches prennent des airs de fête et se métamorphosent en desserts alléchants.

Les pâtisseries marocaines sont apparentées à celles du Moyen-Orient mais très différentes dans leur forme finale. La *ghoriba* est un biscuit que l'on déguste du Moyen-Orient au Maroc, mais les Marocains confectionnent des pâtisseries de style *baklava* uniques en leur genre et délicieuses. La ressemblance avec les pâtisseries du Moyen-Orient réside principalement dans les ingrédients employés. Les amandes sont reines, surtout finement broyées. Le sucre en poudre, la cannelle, l'eau de fleur d'oranger, l'eau de rose, le miel et le zeste de citron sont très prisés. Les noix, les dattes, les figues sèches, les graines de sésame et, dans une moindre mesure, les pistaches jouent un rôle qui varie selon la fantaisie ou l'art de la pâtissière.

Les fruits et les amandes parfument également les *charbats*, ces sublimes breuvages au lait. Celui aux amandes et à l'eau de rose est l'un des plus délicieux, mais il existe aussi des versions à base de pommes, de raisins secs, de fraises et d'avocat. Les jus de fruits (orange, raisin, grenade et pastèque) sont aromatisés d'eaux de fleurs ou saupoudrés de cannelle moulue, saveur typiquement marocaine. Ces boissons ont une place importante car l'alcool est interdit par le Coran.

Une autre boisson introduite par les Arabes il y a des siècles est l'eau parfumée aux fumées aromatiques. Des grains de gomme arabique sont jetés sur les braises d'un brasero, un pichet à eau en terre non vernissée est renversé au-dessus de la fumée parfumée et s'imprègne des vapeurs. Lorsque l'on remplit ensuite le pichet d'eau, celle-ci absorbe les fragrances.

Mais aucune de ces préparations ne concurrence le thé à la menthe dans la culture marocaine. C'est la boisson la plus courante, celle que l'on offre en geste d'amitié...

Briouats aux amandes et au miel ....Pour 18 briouats

CES CROUSTILLANTES PÂTISSERIES ENROBÉES DE MIEL SONT FOURRÉES D'UNE DÉLICIEUSE PÂTE D'AMANDES PARFUMÉE À LA FLEUR D'ORANGER. IL EST ESSENTIEL D'AJOUTER UN PEU D'EAU DANS LE MIEL AVANT DE LE FAIRE BOUILLIR POUR ÉVITER LES PROJECTIONS.

200 g d'amandes en poudre
90 g de beurre doux
60 g de sucre glace
1/4 c. c. d'extrait d'amandes
2 c. s. d'eau de fleur d'oranger
6 feuilles de brick
125 g de smen (p. 187) ou de beurre doux
250 g de miel

Faites dorer les amandes en poudre 3 à 4 minutes dans une poêle à fond épais, en remuant sans cesse. Transférez-les aussitôt dans un saladier, ajoutez le beurre et remuez. Laissez refroidir avant d'incorporer le sucre glace, l'extrait d'amandes et la moitié de l'eau de fleur d'oranger. Mélangez bien pour obtenir une pâte épaisse.

Empilez les feuilles de brick sur une planche à découper et détaillez-les en bandes de 12 cm de large et de 28 à 30 cm de long. Il vous faut 18 bandes au total. Enveloppez celles-ci dans une serviette ou couvrez-les de film alimentaire pour éviter qu'elles se dessèchent.

Posez un rectangle de pâte sur une planche et pliez-le en deux dans la largeur pour obtenir une bande de 6 cm de large. Badigeonnez-la de smen et déposez une pleine cuillerée à café de pâte d'amandes à 2 cm du bord. Rabattez la base de la pâte en diagonale sur la pâte d'amandes de façon à former un triangle. Continuez de plier la pâte en prenant soin de conserver la forme triangulaire puis déposez le briouat sur une plaque légèrement graissée. Répétez l'opération avec le reste des ingrédients. Quand tous les briouats sont terminés, badigeonnez-les de smen .

Préchauffez le four à 180 °C. Quand il est à la bonne température, enfournez les briouats et laissez-les cuire 20 à 25 minutes, jusqu'à ce qu'ils soient gonflés et légèrement dorés.

Mélangez le miel, 60 ml d'eau et le reste d'eau de fleur d'oranger dans une grande casserole. Juste avant de sortir les briouats du four, portez le mélange à ébullition puis baissez le feu. Plongez les briouats deux par deux dans le miel bouillant (prenez garde aux éclaboussures), laissez-les 20 secondes puis sortez-les à l'aide de deux fourchettes et disposez-les sur un plateau. Laissez-les refroidir avant de les déguster.

Repliez le brick sur la pâte d'amandes pour former un triangle.

Plongez les briouats 20 secondes dans le miel bouillant.

Gâteaux frits au miel

Pour 4 à 6 personnes

Les pâtes levées sont généralement employées au Maroc dans la confection de pâtisseries. Ici, les œufs et la levure apportent toute la légèreté voulue en évitant un long pétrissage de la pâte. Le zeste d'orange confère à ce dessert une touche typiquement marocaine.

3 œufs
60 ml de jus d'orange
60 ml d'huile
1 c. s. de zeste d'orange râpé
60 g de sucre en poudre
300 g de farine
1 c. c. de levure chimique
40 g de farine pour saupoudrer
de l'huile pour la friture

Sirop

2 c. s. de jus de citron
275 g de sucre
115 g de miel
1 c. s. de zeste d'orange râpé

Faites frire les gâteaux jusqu'à ce qu'ils aient bien gonflé.

Battez les œufs, le jus d'orange et l'huile dans un saladier. Ajoutez le zeste d'orange et le sucre en fouettant jusqu'à obtention d'un appareil mousseux. Incorporez la farine et la levure tamisées puis mélangez avec une cuillère en bois jusqu'à ce que la pâte soit lisse mais un peu collante. Couvrez et laissez reposer 1 heure.

Pour le sirop, faites chauffer dans une casserole 300 ml d'eau, le jus de citron et le sucre. Remuez sur le feu jusqu'à dissolution du sucre. Portez à ébullition puis réduisez le feu et laissez mijoter 5 minutes. Ajoutez le miel et le zeste d'orange. Continuez la cuisson 5 minutes. Réservez au chaud.

Farinez légèrement la pâte et transférez-la sur un plan de travail. Travaillez-la en ajoutant juste ce qu'il faut de farine pour qu'elle ne colle plus aux doigts. Étendez-la au rouleau en une abaisse de 5 mm d'épaisseur. Elle sera alors très élastique. Continuez à l'étendre puis à la laisser reposer jusqu'à ce qu'elle ne se rétracte plus. Découpez dedans des disques de 5 cm de diamètre.

Faites chauffer l'huile à 170 °C. Testez sa température en jetant un morceau de pain dedans : il doit dorer en 20 secondes. Faites frire les gâteaux par trois ou par quatre, 1 minute de chaque côté, jusqu'à ce qu'ils soient gonflés et dorés. Sortez-les avec une pince et égouttez-les sur du papier absorbant. Plongez-les ensuite dans le sirop chaud en les laissant assez longtemps pour qu'ils en soient imbibés. Posez-les sur un plat. Servez-les tièdes ou froids.

Les dattes sèches

Selon un adage marocain, les dattiers doivent avoir la tête dans le feu et les pieds dans l'eau, l'ardent soleil conférant au fruit sa merveilleuse saveur sucrée et la terre alimentant les racines en eau.

La datte a soutenu les forces des nomades du désert pendant des siècles. Elle continue de sustenter tous ceux qui n'ont pas abandonné leur mode de vie traditionnel, à la ville comme à la campagne. Riche en protéines et en vitamines, elle est très énergétique et permet de se revigorer rapidement dans l'effort. Les dattes fraîches, à maturité au bout d'un an, font leur apparition dans les souks en décembre, minutieusement disposées en petites pyramides. Leur teinte varie du brun doré au chocolat profond en passant par le brun rougeâtre. Certaines sont prêtes à être dégustées, d'autres doivent être cuisinées avant d'être consommées.

Le palmier offre bien plus que ses fruits. Ses palmes sont séchées et tressées pour confectionner des paniers et des tapis de table. Les fibres de l'écorce composent des cordes, les noyaux des fruits fournissent un combustible et le tronc du bois de construction ou du bois d'œuvre. Les palmiers dattiers produisent des fruits pendant soixante ans mais il arrive que l'on doive les abattre plus tôt, quand ils dépassent trente mètres de haut, car la récolte devient trop difficile. La seule oasis d'Erfoud réunit trente variétés de dattiers et un million d'arbres florissants. La récolte annuelle moyenne est d'environ quarante-cinq kilos de fruits par arbre.

Autour de la figue

La dégustation des figues fraîches, violacées et pulpeuses, est l'un des grands plaisirs de la fin de l'été et de l'automne. Puis arrivent les figues vertes, ou figues d'hiver, tout aussi délicieuses. Les Marocains tirent le meilleur parti de ces fruits qu'ils offrent frais à la fin du repas et consomment sec en coupe-faim ou intégrés à des desserts. Le yaourt est rarement servi avec les fruits mais son acidité discrète complète agréablement la saveur sucrée de la figue.

Figues aux amandes et au miel

Rincez délicatement 12 figues violettes fraîches et séchez-les avec du papier absorbant. Coupez chaque fruit en quatre presque jusqu'à la base puis écartez les quartiers. Posez les figues ouvertes sur le plat de service. Couvrez et laissez rafraîchir 1 heure au réfrigérateur. Concassez grossièrement 50 g d'amandes mondées légèrement grillées. Arrosez la pulpe des figues avec $^{1}/_{4}$ de c. c. d'eau de rose et insérez 1 c. c. d'amandes concassées au centre du fruit. Nappez de miel liquide et servez aussitôt. Pour 6 personnes.

Figues pochées aux amandes et aux épices

Rincez 375 g de figues sèches, mettez-les dans un saladier et couvrez-les largement d'eau. Laissez-les tremper 8 heures. Transvasez l'eau de trempage dans une casserole. Insérez une amande mondée dans chaque figue par la base. Enveloppez 3 clous de girofle, 3 gousses de cardamome légèrement écrasées et $^{1}/_{2}$ c. c. de grains de poivre noir dans une étamine puis fermez celle-ci avec soin. Ajoutez 115 g de sucre dans la casserole et laissez chauffer à feu moyen jusqu'à ce que le sucre soit dissous. Portez à ébullition, ajoutez le sachet d'épices, le zeste finement râpé d'un $^{1}/_{2}$ citron, 1 bâton de cannelle et les figues. Ramenez à ébullition puis baissez le feu et laissez mijoter 30 minutes, jusqu'à ce que les fruits soient tendres. Sortez-les de la casserole avec une écumoire et transférez-les sur un plat de service puis arrosez-les de sirop. Servez chaud ou tiède, avec du yaourt. Pour 4 à 6 personnes.

Figues et yaourt au miel

Rincez délicatement 12 figues violettes fraîches et séchez-les avec du papier absorbant. Mettez-les 30 minutes au réfrigérateur. Mélangez 250 g de yaourt à la grecque et 2 c. s. de miel. Concassez grossièrement 2 c. s. de pistaches et réservez. Coupez chaque fruit en quatre presque jusqu'à la base puis écartez les quartiers. Posez les figues ouvertes sur le plat de service. Arrosez avec précaution la pulpe des figues avec $^{1}/_{4}$ de c. c. d'eau de fleur d'oranger et déposez 1 c. s. de yaourt au centre de chaque fruit. Nappez d'un peu de miel et parsemez de pistaches concassées. Pour 4 à 6 personnes.

Figues aux amandes et au miel

Ghoriba

Pour 50 biscuits

LES INGRÉDIENTS DE CE BISCUIT VARIENT PEU DU MOYEN-ORIENT AU MAROC. LA RECETTE MAROCAINE MÊLE LA SEMOULE EXTRAFINE ET LA FARINE, MAIS VOUS POUVEZ CONFECTIONNER CETTE PÂTE AVEC DE LA FARINE UNIQUEMENT.

250 g de beurre doux
125 g de farine
125 g de sucre glace
300 g de semoule extrafine
1 pincée de sel
2 œufs battus
1 c. c. d'extrait naturel de vanille
1 blanc d'œuf légèrement battu
30 g d'amandes mondées coupées en deux

Faites fondre le beurre à feu doux dans une casserole à fond épais. Éliminez l'écume à l'aide d'une cuillère puis faites couler le beurre dans un autre récipient, sans l'agiter, pour que les résidus solides restent au fond de la casserole. Réservez et laissez refroidir.

Tamisez la farine et le sucre glace dans un saladier, ajoutez la semoule et le sel puis mélangez avec soin. Quand le beurre clarifié est refroidi mais encore liquide, mélangez-le avec les œufs et l'extrait de vanille. Ajoutez les ingrédients secs et travaillez le tout pour obtenir une pâte ferme, en ajoutant au besoin un peu de farine. Pétrissez bien la pâte puis couvrez-la de film alimentaire et laissez-la reposer 1 heure. Garnissez deux plaques à pâtisserie de papier sulfurisé. Préchauffez le four à 180 °C.

Pétrissez à nouveau la pâte jusqu'à ce qu'elle soit lisse et souple. Formez une cinquantaine de boulettes de taille égale et répartissez-les sur les plaques de cuisson en les espaçant de 2,5 cm. Badigeonnez le dessus de blanc d'œuf et pressez une amande sur chaque biscuit. Faites-les cuire 20 minutes au four, jusqu'à ce qu'ils soient dorés. Laissez-les refroidir sur les plaques. Conservez-les dans un récipient hermétique.

La semoule est extraite de l'endosperme (ou amande) du blé dur, de couleur beige ou jaune et d'aspect granuleux.
Elle est fine, moyenne ou grosse ; cette dernière est utilisée pour le couscous mais elle est parfois remplacée au Maroc par de la semoule fine dans certaines recettes destinées à des repas de fête. Les semoules de qualité moyenne et fine servent plutôt à préparer des entremets ou de la « crème de blé », servie au petit-déjeuner. La semoule extrafine se trouve dans les magasins spécialisés dans les produits grecs ou du Moyen-Orient.

Macarons aux amandes .... Pour 30 macarons

CES BISCUITS SONT ENROBÉS DE SUCRE AVANT LA CUISSON ET GONFLENT AU FOUR, CE QUI LEUR DONNE UN ASPECT CRAQUELÉ. ON LES SERT TRADITIONNELLEMENT AVEC LE THÉ À LA MENTHE.

300 g d'amandes en poudre
180 g de sucre glace
1 1/2 c. c. de levure chimique
1/2 c. c. de cannelle moulue
1 œuf
2 c. c. de zeste de citron râpé
1 c. s. d'eau de rose

Tamisez les amandes en poudre dans un saladier avec 150 g de sucre glace, la levure et la cannelle. Mélangez avec soin. Battez l'œuf avec le zeste de citron et l'eau de rose puis transvasez cette préparation dans le saladier. Travaillez le mélange pour obtenir une pâte ferme. Pétrissez-la légèrement.

Garnissez deux tôles à pâtisserie de papier sulfurisé. Préchauffez le four à 180 °C.

Formez une trentaine de boulettes avec la pâte. Huilez vos mains (pour éviter que la pâte colle) et pressez les boules de pâte dans le sucre glace restant en les aplatissant légèrement. Disposez-les ensuite sur les tôles à pâtisserie, en les espaçant de 5 cm pour leur permettre de gonfler. Faites cuire les macarons au four 20 minutes puis laissez-les reposer 10 minutes avant de les transférer sur une grille où ils refroidiront. Conservez ces biscuits dans un récipient hermétique.

Travaillez les ingrédients du bout des doigts pour obtenir une pâte ferme.

Pressez délicatement les boules de pâte dans le sucre glace.

Autour des eaux de fleur

UN DES TRAITS CARACTÉRISTIQUES DE LA GASTRONOMIE MAROCAINE EST L'EMPLOI D'EAUX PARFUMÉES DANS LES PLATS SALÉS ET SUCRÉS. L'EAU DE ROSE EST UN DISTILLAT DE PÉTALES DE ROSES ORIGINAIRE DE PERSE. AU MAROC, ELLE EST PRÉPARÉE À PARTIR DE BOUTONS DE ROSES RÉCOLTÉS DANS LA VALLÉE DU DADÈS. L'EAU DE FLEUR D'ORANGER EST UN DISTILLAT DE FLEURS DE BIGARADIER (ORANGER AMER OU ORANGER DE SÉVILLE), ORIGINAIRE DU MOYEN-ORIENT. CES DEUX EAUX DE FLEURS ONT ÉTÉ INTRODUITES AU MAROC PAR LES ARABES.

Jus de raisin à l'eau de rose

Rincez soigneusement 500 g de raisin noir ou vert sans pépins, rafraîchi au réfrigérateur. Supprimez les tiges les plus épaisses et gardez les grains en petits bouquets. Passez le raisin à la centrifugeuse et transvasez le jus dans un pichet. Laissez reposer le jus de raisin puis retirez à la cuillère les résidus de tiges et de pépins remontés à la surface. Couvrez le pichet d'un film alimentaire et laissez rafraîchir au moins 1 heure au réfrigérateur. Décantez le jus dans deux grands verres en veillant à ce que le dépôt reste au fond du pichet. Versez $^{1}/_{2}$ c. c. d'eau de rose dans chaque verre et saupoudrez de cannelle moulue. Pour 2 personnes.

Jus de pastèque à l'eau de rose

Mettez 800 g de pastèque au réfrigérateur et attendez qu'elle soit bien froide. Éliminez la peau de la pastèque et détaillez la chair en dés. Passez-la ensuite à la centrifugeuse puis transvasez le jus dans un pichet. Ajoutez 1 c. c. d'eau de rose et versez le mélange dans deux grands verres ou conservez-le au réfrigérateur jusqu'au moment de le servir. Pour 2 personnes.

Jus d'orange à l'eau de fleur d'oranger

Mettez 6 oranges au réfrigérateur et attendez qu'elles soient bien froides. Pressez-les puis passez le jus dans un tamis fin et récupérez-le dans un pichet. Ajoutez du sucre en poudre (sauf si les oranges sont très sucrées) et 1 $^{1}/_{2}$ c. c. d'eau de fleur d'oranger. Versez dans deux grands verres et saupoudrez de cannelle moulue. Dégustez immédiatement. Pour 2 personnes.

Jus de raisin à l'eau de rose

Serpentin aux amandes et au miel ...... Pour 4 personnes

CETTE PÂTISSERIE FOURRÉE D'AMANDES, LE *M'HENCHA*, EST L'UNE DES PLUS CÉLÈBRES DOUCEURS DU MAROC. VOUS LA COUPEREZ EN QUARTIERS OU EN CASSEREZ DES FRAGMENTS À LA MAIN, À LA FAÇON MAROCAINE ET VOUS LA SERVIREZ, BIEN SÛR, AVEC DU THÉ À LA MENTHE.

1 petit œuf, jaune et blanc séparés
200 g d'amandes en poudre
30 g d'amandes effilées
125 g de sucre glace
1 c. c. de zeste de citron râpé
1/4 c. c. d'extrait d'amandes
1 c. s. d'eau de rose
90 g de smen (p. 187) ou de beurre doux fondu
8 ou 9 feuilles de brick
1 pincée de cannelle moulue
du sucre glace en supplément pour décorer

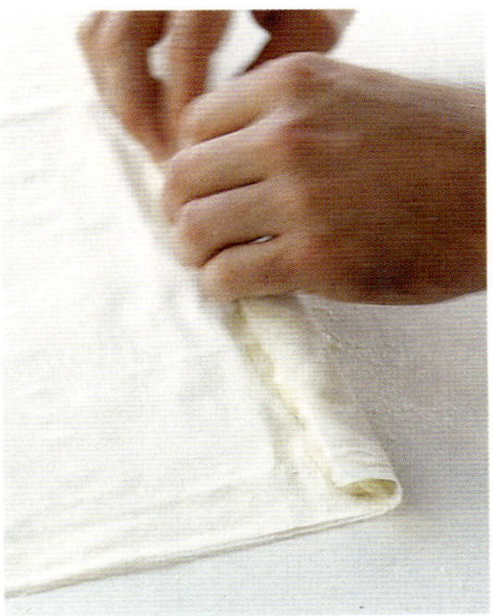

Enroulez la feuille de brick autour du boudin de pâte d'amandes.

Disposez le rouleau au centre du moule en formant un serpentin.

Préchauffez le four à 180 °C. Graissez légèrement un moule à manqué de 20 cm de diamètre.

Battez le blanc d'œuf à la fourchette dans un saladier. Ajoutez les amandes en poudre, les amandes effilées, le sucre glace, le zeste de citron, l'extrait d'amandes et l'eau de rose. Mélangez du bout des doigts jusqu'à obtention d'une pâte homogène.

Divisez l'appareil en quatre parts et, sur une planche à découper, roulez chacune d'elles en un boudin d'environ 1 cm d'épaisseur sur 32 cm de long. Si la pâte d'amandes est trop collante, saupoudrez la planche de sucre glace avant de travailler.

Gardez le beurre fondu au chaud au bain-marie. Étalez une feuille de brick sur le plan de travail, badigeonnez-la de beurre fondu et couvrez-la d'une autre feuille de pâte, que vous allez également badigeonner de beurre fondu (gardez les autres feuilles de pâte sous une serviette pendant que vous continuez de travailler). Posez un boudin de pâte d'amandes sur les feuilles de brick à 2,5 cm du bord inférieur et des côtés. Enroulez le tout comme un cigare. Disposez ce rouleau de pâte au centre du moule en formant un serpentin. Avec deux autres feuilles de pâte faites un autre rouleau pour continuer le serpentin, et ainsi de suite jusqu'à ce qu'il ne reste plus de pâte d'amandes ni de feuilles de brick. Si le serpentin se fendille par endroits, coupez des petits morceaux de pâte, badigeonnez-les de jaune d'œuf et appliquez-les sur les fissures.

Mélangez la cannelle et le reste de jaune d'œuf pour en badigeonner le serpentin. Faites-le cuire 30 à 35 minutes au four puis saupoudrez-le de sucre glace. Servez chaud ou à température ambiante. Cette pâtisserie peut se garder deux jours.

Keneffa

Pour 4 personnes

CE DESSERT TRADITIONNEL EST CONFECTIONNÉ AU MAROC AVEC DES FEUILLES DE PÂTE *OUARKA* FRITES QUE L'ON SUPERPOSE EN LES FAISANT ALTERNER AVEC UNE CRÈME AUX AMANDES ET DES AMANDES. LA PÂTE *OUARKA* ÉTANT DIFFICILE À TROUVER EN FRANCE DANS LE COMMERCE, NOUS L'AVONS REMPLACÉE PAR DES CARRÉS DE PÂTE À BRICK.

Crème d'amandes

750 ml de lait entier
35 g de Maïzena
60 g de sucre
50 g d'amandes en poudre
1/4 c. c. d'extrait d'amandes
1 1/2 c. s. d'eau de rose

100 g d'amandes mondées légèrement grillées
2 c. s. de sucre glace tamisé
1/2 c. c. de cannelle moulue
de la pâte à brick découpée en carrés de 10 cm de côté
de l'huile pour la friture
du sucre glace pour décorer

Badigeonnez d'eau une feuille et couvrez-la avec une autre feuille.

Faites frire les feuilles de pâte jusqu'à ce qu'elles soient dorées.

Pour la crème d'amandes, versez 125 ml de lait dans un récipient, ajoutez la Maïzena et mélangez pour obtenir une pâte légère. Portez le reste du lait à ébullition. Mélangez à nouveau la pâte puis incorporez au fouet le lait bouillant en le versant progressivement. Versez le tout dans la casserole puis ajoutez le sucre et les amandes en poudre. Remettez sur le feu et remuez sans arrêt avec une cuillère en bois jusqu'à ce que la préparation épaississe. Baissez le feu et laissez frémir 1 minute. Transvasez dans le saladier puis versez l'extrait d'amandes et l'eau de rose. Posez un morceau de film alimentaire sur la crème et laissez refroidir. Juste avant la mise en œuvre de la crème, fouettez-la vivement pour qu'elle ait une consistance fluide ; si elle est trop épaisse, délayez-la avec un peu de lait.

Concassez grossièrement les amandes grillées, mélangez-les avec le sucre glace et la cannelle puis réservez.

Badigeonnez d'eau un carré de pâte et pressez un autre carré dessus. Répétez l'opération pour obtenir 12 carrés. Préparez quelques carrés supplémentaires au cas où certains brûleraient dans la friture.

Versez de l'huile dans une sauteuse sur une hauteur de 1 cm et faites-la chauffer à feu vif. Lorsqu'elle est chaude mais ne fume pas encore, baissez le feu et plongez dans la sauteuse 2 carrés de pâte. Faites-les frire 20 secondes de chaque côté, jusqu'à ce qu'ils soient dorés, puis sortez-les délicatement avec une pince et égouttez-les sur du papier absorbant. Répétez l'opération avec les autres carrés de pâte.

Pour assembler les pâtisseries, déposez 1 carré de pâte frite au centre de chaque assiette. Nappez de crème aux amandes et parsemez d'amandes concassées. Ajoutez 1 carré de pâte, une couche de crème d'amandes et à nouveau des amandes concassées. Terminez par 1 carré de pâte frite. Décorez de pétales de roses (facultatif). Saupoudrez de sucre glace et accompagnez du reste de crème.

Autour de l'amande

LE MAROC RÉCOLTE DES AMANDES EN ABONDANCE ET ON LES RETROUVE DANS DE TRÈS NOMBREUSES RECETTES TRADITIONNELLES : TAJINES ET COUSCOUS, PÂTISSERIES OU BOISSONS (PAR EXEMPLE *LE CHARBAT BEL LOUZ* OU LAIT D'AMANDES). DANS LE SUD, *L'AMLOU*, À BASE DE MIEL ET D'AMANDES, EST UNE SAVOUREUSE CRÈME QUE L'ON ÉTALE SUR DU PAIN OU DES CRÊPES ; ELLE EST LIÉE TRADITIONNELLEMENT AVEC DE L'HUILE D'ARGAN, MAIS ON PEUT REMPLACER CELLE-CI PAR D'AUTRES HUILES DE NOIX.

Lait d'amandes

Mixez 235 g d'amandes mondées, 55 g de sucre en poudre et 250 ml d'eau. Les amandes doivent être complètement pulvérisées. Posez une passoire sur un saladier, tapissez-la d'une double épaisseur d'étamine et filtrez le mélange aux amandes. Ajoutez 60 ml d'eau dans le mixeur et actionnez-le quelques secondes pour récupérer tous les résidus d'amandes. Filtrez également ce mélange en pressant bien les amandes pulvérisées pour en extraire toute l'eau. Réunissez les coins de l'étamine en les entortillant et pressez énergiquement au-dessus du saladier. Remettez l'étamine et son contenu dans la passoire, ajoutez encore 60 ml d'eau et pressez à nouveau. Jetez le résidu d'amandes. Incorporez dans l'eau 1/4 de c. c. d'extrait d'amandes, 1/2 c. c. d'eau de rose et 250 ml de lait. Goûtez et ajoutez un peu de sucre au besoin. Mettez ce lait d'amandes au réfrigérateur avant de le servir. Vous pouvez décorer chaque verre d'un ou deux pétales de rose si vous êtes sûr que les fleurs n'ont jamais été traitées. Pour 4 personnes.

Entremets à la crème d'amandes

Versez 500 ml de lait et 55 g de sucre en poudre dans une casserole à fond épais et faites chauffer à feu moyen puis portez à ébullition. Mettez dans un grand saladier 2 c. s. de Maïzena, 1 c. s. de fécule de riz et 60 ml d'eau ; mélangez jusqu'à obtention d'une pâte onctueuse. Arrosez de lait bouillant en fouettant sans cesse puis versez le tout dans la casserole et faites chauffer à feu moyen sans arrêter de mélanger avec une cuillère en bois, jusqu'à ce que l'appareil épaississe. Ajoutez 70 g d'amandes en poudre et laissez mijoter 5 minutes à feu doux, en remuant à plusieurs reprises. Incorporez 1 c. c. d'eau de rose puis retirez la casserole du feu. Remuez l'entremets pour le faire tiédir puis répartissez-le dans des coupes ou des bols. Faites rafraîchir 1 heure au réfrigérateur. Mélangez 2 c. s. d'amandes effilées grillées, 1 c. c. de sucre en poudre et 1/2 c. c. de cannelle moulue ; saupoudrez-en l'entremets avant de servir. Pour 4 personnes.

Crème au miel et aux amandes

Mélangez 100 g d'amandes en poudre, 1 pincée de sel et 2 c. s. d'huile d'argan ou de noix dans un saladier. Incorporez 1 c. s. de miel et 3 ou 4 gouttes d'extrait d'amandes. L'*amlou* doit avoir une consistance onctueuse, facile à étaler ; ajoutez un peu d'huile au besoin. La quantité d'huile requise dépend du degré d'humidité des amandes en poudre. Servez cette crème avec du pain ou des *baghrirs* (crêpes de semoule, p. 176). L'*amlou* peut se conserver 3 à 4 semaines au réfrigérateur, dans un récipient hermétique. Sortez-le un peu à l'avance pour qu'il ait le temps de ramollir : il sera plus facile à étaler. Pour 140 g.

Lait d'amandes

Baghrirs

Pour 16 crêpes

CETTE CRÊPE AÉRIENNE, AUSSI SURNOMMÉE « CRÊPE AUX MILLE TROUS », EST PRÉPARÉE AVEC DE LA FARINE ET DE LA SEMOULE EXTRAFINE. ON LA SERT AVEC DU BEURRE ET DU MIEL OU AVEC DE L'*AMLOU* (P. 175).

1 c. s. de levure déshydratée
250 g de farine
250 g de semoule extrafine
1/2 c. s. de sel
2 œufs
125 ml de lait
de huile pour la cuisson

Délayez la levure dans 125 ml d'eau tiède et incorporez 3 c. c. de farine. Couvrez et laissez reposer 15 minutes dans un endroit chaud, jusqu'à ce que le mélange mousse.

Tamisez le reste de farine, la semoule et le sel dans un saladier ; faites un puits au centre. Battez légèrement les œufs avec le lait tiède et versez le mélange dans le puits avant d'ajouter la levure et 375 ml d'eau tiède. Ramenez progressivement la farine des bords vers le centre en la mélangeant avec les éléments liquides puis fouettez la pâte 5 à 7 minutes. Elle doit être lisse, avec la consistance d'une crème épaisse. Couvrez le saladier et laissez reposer 1 heure, jusqu'à ce que la pâte ait doublé de volume et que des bulles se forment à la surface.

Versez de l'eau dans une casserole jusqu'au tiers de sa hauteur et faites-la chauffer. Quand elle frémit, placez sur la casserole un plat résistant à la chaleur et garnissez ce plat d'une serviette pliée en quatre.

Faites chauffer une crêpière à feu vif puis baissez un peu le feu et frottez le fond de la poêle avec une serviette en papier imbibée d'huile. Versez une petite louche de pâte, environ 60 ml, et étalez-la en un cercle d'environ 15 cm de diamètre. Procédez rapidement en essayant d'égaliser le dessus. Laissez cuire jusqu'à ce que la surface de la crêpe soit percée de petits cratères de bulles. Vous pouvez retourner la crêpe et faire brièvement dorer l'autre face mais cette opération n'est pas très conforme à la tradition...

Glissez la crêpe dans les plis de la serviette pour qu'elle reste chaude. Répétez l'opération jusqu'à épuisement de la pâte en huilant systématiquement la poêle entre deux crêpes. Ne disposez pas les crêpes en piles mais faites-les se chevaucher. Accompagnez de beurre et de miel chaud.

Étalez la pâte avec le dos de la louche pour former un large cercle.

Faites cuire la crêpe jusqu'à ce qu'elle soit criblée de petits cratères.

Beignets marocains

Pour 20 beignets

DANS TOUT LE MAROC, VOUS RENCONTREREZ DES MARCHANDS DE BEIGNETS AVEC LEUR CHAUDRON D'HUILE CHAUDE. ON ENFILE LES BEIGNETS SUR DES TIGES DE PALME POUR LES EMPORTER CHEZ SOI OU AU CAFÉ ET LES DÉGUSTER AVEC DU THÉ À LA MENTHE.

1 c. s. de levure déshydratée
1/2 c. c. de sucre en poudre
375 g de farine
1/2 c. c. de sel
de l'huile pour la friture
du sucre en poudre en supplément pour enrober

Maintenez le trou central ouvert avec une brochette en métal.

Délayez la levure dans 125 ml d'eau tiède puis incorporez le sucre. Mélangez la farine et le sel dans un saladier et formez un puits. Versez la levure dans le puits et ajoutez encore 125 ml d'eau tiède. Ramenez un peu de farine des bords vers le centre et mélangez-la avec le liquide. Couvrez le saladier et laissez reposer 15 minutes, jusqu'à ce que des bulles se forment à la surface. Incorporez petit à petit le reste de farine puis travaillez la pâte à la main. Si elle est trop ferme, ajoutez un peu d'eau (1 cuillerée à café à la fois). Pétrissez la pâte en boule jusqu'à ce qu'elle soit lisse et élastique. Huilez les parois du saladier et roulez la boule de pâte dedans pour qu'elle soit nappée d'huile. Couvrez et laissez reposer 1 heure, jusqu'à ce que la pâte ait doublé de volume.

Enfoncez un poing dans la pâte avant de la poser sur le plan de travail et de la diviser en 20 portions égales. Huilez légèrement vos mains et roulez chaque portion en une boule lisse et légèrement aplatie. Graissez une tôle à pâtisserie. Formez avec l'index un trou de 2 cm au centre de la boule. Posez cette dernière sur la plaque et répétez l'opération avec le reste de la pâte.

Versez de l'huile dans une casserole jusqu'au tiers de sa hauteur et faites-la chauffer à 190 °C. Testez sa température en jetant un morceau de pain dedans : il doit dorer en 10 secondes. Plongez dans l'huile la première boule de pâte. Placez immédiatement la pointe d'une brochette en métal dans le trou et donnez-lui un mouvement circulaire pour maintenir le trou ouvert. Faites frire 1 minute 30 à 2 minutes, jusqu'à ce que le beignet soit doré de façon homogène. Quand vous maîtrisez la technique, faites frire 2 ou 3 beignets à la fois en tournant rapidement la brochette dans le premier avant de plonger le suivant dans l'huile. Sortez les beignets de la friture et déposez-les sur une plaque garnie de papier absorbant. Retournez les beignets dans le sucre et dégustez-les avec du café ou du thé à la menthe.

Autour des fruits frais

DANS TOUS LES FOYERS MAROCAINS, LE REPAS SE TERMINE AVEC DES FRUITS FRAIS, CUEILLIS DANS LE JARDIN OU ACHETÉS AU SOUK. AU COURS DES REPAS DE FÊTE, LES PLATEAUX CHARGÉS DE FRUITS DISPOSÉS AVEC ART ET SOUVENT PRÉSENTÉS SUR DE LA GLACE SONT UN HYMNE À LA SAISON EN COURS. SI LES FRUITS SONT PRÉPARÉS, ILS SONT PARFUMÉS À L'EAU DE ROSE, SAUPOUDRÉS DE CANNELLE, PARSEMÉS DE NOIX CONCASSÉES.

Pastèque à l'eau de rose et à la menthe

Retirez la peau d'un quartier de pastèque de 1,5 kg, coupez la chair en cubes de 3 cm et éliminez toutes les graines ; travaillez au-dessus d'un saladier pour récupérer le jus. Versez celui-ci dans un petit pichet et incorporez 3 c. c. d'eau de rose. Versez le jus aromatisé sur les cubes de pastèque, couvrez et faites rafraîchir au moins 1 heure au réfrigérateur. Décorez de feuilles de menthe fraîche au moment de servir. Pour 4 personnes.

Pêches au sucre et à la cannelle

Pelez 6 pêches. Pour faciliter l'épluchage, incisez la peau en suivant le creux sur le côté du fruit puis ébouillantez les fruits avant de les plonger aussitôt dans l'eau froide. La peau devrait se détacher facilement. Coupez les fruits en deux et retirez les noyaux. Badigeonnez légèrement les faces coupées de jus de citron. Disposez les joues de pêche dans un grand plat creux posé sur un lit de glace pilée. Écrasez 4 morceaux de sucre, saupoudrez les fruits de ce sucre et d'une petite dose de cannelle moulue. Pour 4 personnes.

Bananes au yaourt

Émincez en biseau 4 à 5 grosses bananes de façon à obtenir des tranches ovales de 5 mm d'épaisseur environ. Disposez-les dans un plat rond en cercles concentriques, en les faisant se chevaucher. Mélangez 60 ml de jus d'orange frais et 3 c. c. d'eau de fleur d'oranger puis arrosez-en les bananes. Mélangez 250 g de yaourt épais et 2 c. s. de miel avant de déposer le tout au milieu du plat. Faites griller 60 g de cerneaux de noix, concassez-les et éparpillez les brisures sur le yaourt et les bananes. Arrosez avec 1 c. s. de miel épais. Pour 4 personnes.

Pastèque à l'eau de rose et à la menthe

Briouats aux dattes et aux figues .... Pour 18 briouats

Choisissez des figues fraîches mûres et sucrées. Si vous n'en trouvez pas, optez pour des figues sèches très moelleuses. Vous pouvez vous cantonner aux dattes mais l'alliance des figues et des dattes est plus savoureuse.

125 g de smen (p. 187) ou de beurre doux
150 g d'amandes mondées
80 g de dattes séchées dénoyautées et émincées
80 g de figues fraîches émincées
1 c. s. d'eau de fleur d'oranger
12 à 14 feuilles de brick
du sucre glace pour décorer

Faites chauffer 1 c. s. de smen dans une petite poêle et faites dorer les amandes à feu moyen en remuant souvent. Transférez-les aussitôt dans le bol du robot avec le beurre de cuisson. Attendez qu'elles aient refroidi puis hachez-les finement. Ajoutez les dattes, les figues et l'eau de fleur d'oranger. Mixez jusqu'à obtention d'une pâte épaisse. Transférez celle-ci sur le plan de travail, graissez vos mains avec un peu de smen et façonnez la pâte en boule puis roulez-la pour former un boudin de 23 cm de long. Coupez celui-ci en 18 tronçons égaux que vous roulerez à nouveau pour obtenir des cigares de 10 cm de long. Déposez-les sur du papier sulfurisé et réservez.

Empilez les feuilles de brick sur une planche à découper et coupez-les pour obtenir des bandes de 12 cm de large et de 28 à 30 cm de long. Enveloppez-les dans une serviette ou couvrez-les de film alimentaire pour éviter qu'elles se dessèchent.

Posez une bande de pâte sur une planche et badigeonnez-la de smen fondu chaud. Couvrez avec une autre bande de pâte, que vous badigeonnerez également de smen. Posez un cigare parallèlement à un des petits côtés, à 1,5 cm du bord. Rabattez sur le cigare la base de la bande puis les côtés. Continuez de rouler la pâte jusqu'au bout de la bande puis posez le briouat sur une tôle à pâtisserie légèrement graissée. Répétez l'opération avec le reste des ingrédients.

Préchauffez le four à 180 °C. Il est préférable de lancer le préchauffage après avoir préparé les briouats pour que la pièce reste fraîche pendant cette opération.

Badigeonnez de smen le dessus des briouats avant de les faire cuire 20 minutes au four, jusqu'à ce qu'ils soient gonflés et légèrement dorés. Sortez-les du four et saupoudrez-les aussitôt de sucre glace. Lorsqu'ils ont refroidi, mettez-les dans un récipient hermétique. Vous pouvez les conserver deux jours à température ambiante.

Roulez chaque tronçon de pâte de fruits en un petit cigare.

Posez le cigare près du bord de la bande et roulez celle-ci dessus.

Le thé à la menthe

La menthe pousse en abondance au Maroc et servait autrefois à préparer une infusion très couramment consommée. Mais avec l'introduction du thé vert dans les années 1850, les Marocains découvrirent que ces deux ingrédients étaient faits l'un pour l'autre. La menthe verte (*Mentha spicata* ou *M. viridis*) et le thé vert constituent une alliance harmonieuse, le thé Gunpowder de Taïwan étant le plus prisé.

Rincez la théière à l'eau bouillante avant d'y mettre le thé. Versez l'eau bouillante et laissez infuser 1 minute environ, puis ajoutez 1 à 2 c. c. de sucre et 1 belle poignée de feuilles de menthe sur tige rincées. Laissez infuser encore 3 minutes. Versez le thé dans un verre à thé, puis remettez-le dans la théière pour mélanger les arômes. Versez le thé dans les verres garnis d'un brin de thé à la menthe. La menthe dans la théière fait office de passoire pour le thé.

Au Maroc, en règle générale, le thé est sucré généreusement avec du sucre de canne vendu en cônes de 20 cm de haut et enveloppés dans une feuille de papier violet. C'est celui qui prépare le thé qui casse le sucre à l'aide d'un marteau en argent. La théière au corps renflé et au couvercle en dôme est en argent plaqué, en aluminium ou en acier inoxydable. On verse le thé en soulevant très haut la théière : le thé est ainsi « aéré ». Cette manière de faire participe aussi au spectacle de la cérémonie du thé à la marocaine… On offre traditionnellement trois verres de thé aux invités : selon un proverbe berbère, le premier est sucré comme la vie, le second doux comme l'amour et le troisième amer comme la mort.

Carrés aux dattes

Pour 6 à 8 personnes

L'ALIMENTATION DES BERBÈRES, NOTAMMENT DES TRIBUS NOMADES, FAISAIT UN USAGE IMPORTANT DES DATTES. ON LES RETROUVE DANS NOMBRE DE PLATS OU DE PÂTISSERIES. ICI, ELLES SONT MÉLANGÉES À DU SMEN ET À DES NOIX CONCASSÉES POUR FOURNIR UN DESSERT TRÈS ÉNERGÉTIQUE.

150 g de cerneaux de noix
2 c. s. de graines de sésame
100 g de smen ou de beurre doux
600 g de dattes sèches dénoyautées et grossièrement hachées

Préchauffez le four à 180 °C. Tapissez de papier sulfurisé le fond d'un moule carré de 18 cm. Étalez les noix sur une tôle à pâtisserie et faites-les griller 5 minutes au four. Concassez-les grossièrement. Faites également griller les graines de sésame.

Faites fondre le smen dans une grande casserole à fond épais pour y faire cuire les dattes 10 minutes à feu doux, à couvert, jusqu'à ce qu'elles soient tendres. Avec le dos d'une cuillère trempée dans l'eau froide, étalez la moitié des dattes dans le fond du moule. Éparpillez dessus les noix concassées en les enfonçant légèrement puis recouvrez-les avec le reste de pâte de dattes. Égalisez la surface en pressant fermement le dessus du carré avec vos doigts humides.

Parsemez de graines de sésame en les enfonçant légèrement dans la pâte de dattes. Quand l'appareil a pris, démoulez-le et découpez-le en carrés ou en losanges.

Pour faire du smen (beurre clarifié), coupez 250 g de beurre doux ou salé en petits morceaux et faites-le chauffer à feu doux dans une petite casserole à fond épais ; utilisez au besoin un diffuseur de chaleur pour éviter les projections. Laissez mijoter 25 minutes à feu très doux, jusqu'à ce que les résidus solides dorent très légèrement. Passez le beurre chaud dans une passoire tapissée d'une étamine, au-dessus d'un saladier. Vous avez là du smen au léger goût de noisette. On obtient une version aromatisée en mettant du za'atar (variété de thym sauvage) et du sel dans l'étamine et en versant le beurre chaud dessus. Conservez le smen dans un bocal hermétique au réfrigérateur.

Entremets au riz et aux raisins secs ..... Pour 8 personnes

CET ENTREMETS EST PRÉSENTÉ DANS UN GRAND PLAT POSÉ AU MILIEU DE LA TABLE ET CHACUN SE SERT À LA CUILLÈRE. EN RÈGLE GÉNÉRALE, ON DÉPOSE DES COPEAUX DE BEURRE SUR L'ENTREMETS CHAUD MAIS ON PEUT AUSSI L'AGRÉMENTER D'AMANDES GRILLÉES OU DE RAISINS SECS (COMME DANS CETTE RECETTE) ET DE MIEL.

110 g de riz rond
1,125 litre de lait
55 g de sucre
55 g d'amandes en poudre
2 c. s. de Maïzena
1/4 c. c. d'extrait d'amandes
2 c. s. d'eau de fleur d'oranger
2 c. s. de raisins secs
2 c. s. de miel liquide

Mettez le riz dans une casserole à fond épais avec 250 ml d'eau et 1 pincée de sel. Faites cuire 5 minutes à feu moyen, en remuant à plusieurs reprises, jusqu'à ce que toute l'eau soit absorbée.

Réservez 125 ml de lait. Versez sur le riz 250 ml du lait restant, faites frémir et, quand le riz a absorbé tout le lait, ajoutez-en à nouveau 250 ml. Continuez la cuisson jusqu'à ce que tout le lait soit absorbé. Les grains doivent être moelleux au bout de 30 minutes.

Mélangez le sucre et les amandes en poudre puis émiettez les particules agglomérées. Ajoutez ce mélange dans la casserole et laissez mijoter 2 à 3 minutes à feu doux. Délayez la Maïzena dans le lait réservé puis incorporez-la au riz. Quand l'appareil a épaissi, laissez frémir 2 minutes. Retirez la casserole du feu pour ajouter l'extrait d'amandes et 1 1/2 c. s. d'eau de fleur d'oranger. Remuez l'entremets à plusieurs reprises pour le faire refroidir légèrement.

Faites reposer les raisins secs 15 minutes dans le reste d'eau de fleur d'oranger. Présentez le riz au lait sur un plat de service. Quand une fine pellicule s'est formée à la surface, ajoutez les raisins et nappez d'un filet de miel. Attendez que l'entremets ait complètement refroidi avant de le répartir dans des bols individuels.

Mouillez d'abord le riz avec un peu d'eau et faites-le cuire en remuant.

Ajoutez progressivement le lait et continuez la cuisson à petit feu.

Table des recettes

Les hors-d'œuvre

Recettes pour tous les jours

Plats de fête

Douceurs, pâtisseries et boissons

Traduction : Catherine Bricout
Adaptation : Farrago

Mise en pages : Les PAOistes

Publié pour la première fois sous le titre *Cooking morrocan*

ISBN : 978-2-501-04519-3
NUART : 4094629/03
Dépôt légal : 84221 - février 2007

Imprimé en Italie par Rotolito Lombarda